Monika Judä

Trennkost
Die besten Rezepte

Inhalt

Getrennte Kost, gesunde Kost

Schlank, fit und voller Energie – was für viele ein Wunschtraum ist, ist für »echte« Trennköstler längst Realität. Denn die Trennkost zählt nicht zu den zahllosen Wunderdiäten, die viel versprechen und wenig halten. Im Grunde genommen ist die Trennkost nichts anderes als eine vollwertige Ernährungsweise, wie sie von Ärzten und Wissenschaftlern heute immer wieder gefordert wird. Salate, Obst und Gemüse machen hier den Großteil der Nahrung aus, Fleisch und Getreideprodukte sind nur Beilage. Frische und Naturbelassenheit der Lebensmittel werden groß geschrieben, ansonsten kommt die Trennkost weitgehend ohne Verbote aus. Auch Alkohol, Süßigkeiten oder Knabbereien sind – natürlich in Maßen – erlaubt. Generell werden in der Trennkost weniger wertvolle Nahrungsmittel durch wertvollere, sprich vollwertige, ersetzt. Zusätzlich werden alle Lebensmittel so kombiniert beziehungsweise voneinander getrennt, dass die Verdauung reibungslos funktioniert und der Organismus nicht überlastet wird.

Mit Trennkost das Gleichgewicht bewahren

In der Praxis sieht das so aus, dass Eiweiß und Kohlenhydrate getrennt aufgenommen werden sollen. Denn die Verdauung von Eiweiß erfordert ein stark saures Milieu, während Kohlenhydrate ein basisches Milieu brauchen. Beide Stoffe können darum nicht gleichzeitig vom Körper verarbeitet werden. Eine strikte Trennung von Eiweiß und Kohlenhydraten ist allerdings nicht möglich, da die meisten Lebensmittel beides enthalten, wenn auch in unterschiedlichen Mengen. Das Prinzip der Trennkost besteht daher darin, Nahrungsmittel mit einem überwiegenden Anteil aus Eiweiß oder aus Kohlenhydraten jeweils getrennt zu verzehren. Neben den zur Eiweiß- bzw. Kohlenhydratgruppe zählenden Lebensmitteln gibt es noch eine dritte Gruppe von Lebensmitteln, die neutral wirken, da sie weder besonders viel Eiweiß noch Kohlenhydrate enthalten.

Die Lebensmittelgruppen

Bei der Einteilung der Lebensmittel in die einzelnen Gruppen gibt es einige Besonderheiten zu beachten:

❖ Obst enthält viele Fruchtsäuren, die die Kohlenhydratverdauung stören würden; daher zählen die meisten Früchte zur Eiweißgruppe, obwohl sie gar kein Eiweiß enthalten.

❖ Nur »richtige« Milch wird zur Eiweißgruppe gezählt. Gesäuerte Milchprodukte stuft man als neutral ein, da durch enzymatische Milchsäuregärung eine Vorverdauung einsetzt, die die Verdauungsorgane entlastet.

❖ Während ganze Eier und Eiweiß zur Eiweißgruppe gehören, gilt der Dotter wegen seines hohen Fettgehalts als neutral. Auch bei Käse ist der Fettgehalt ausschlaggebend für die Zuteilung: Fetter Käse ab 45 Prozent Fettgehalt in der Trockenmasse (Fett i. Tr.) ist neutral, bei fettärmeren Käsesorten überwiegt der Eiweißgehalt, so dass sie zur Eiweißgruppe gezählt werden.

Die Lebensmittel der Eiweißgruppe

Fleisch	Rind, Kalb, Schwein, Lamm, Hammel, Wild, Geflügel (roh, gegart, geräuchert) Wurstwaren wie Brüh-, Brat-, Kochwürste, Schinken, Aspikwaren Innereien
Fisch	Alle Fischarten (roh, gegart und geräuchert) Meeresfrüchte
Obst	Steinobst, Kernobst (außer süße, mürbe Äpfel) Exotische Früchte Beeren (außer Heidelbeeren), Zitrusfrüchte
Gemüse	Gekochte Tomaten, Tomatensaft, Tomatenmark
Eier	Eier, Eiweiß
Milch/Milchprodukte	Milch aller Fettgehaltsstufen Käse bis 45% Fett i. Tr.
Soja	Sojaprodukte wie Tofu, Sojamehl, Sojasauce, Sojawurst (Sojasprossen und Sojaöl sind neutral)
Getränke	Frucht- und Gemüsesäfte, Früchtetee Weißwein, Rotwein, Sekt
Sonstiges	Worcestersauce, Tabasco

Die Lebensmittel der Kohlenhydratgruppe

Getreide	Weizen, Dinkel, Grünkern, Roggen, Gerste, Buchweizen, Hafer, Mais, Hirse, Reis
Getreideprodukte	Mehl, Stärkemehle, Schrot, Grieß, Brot, Kuchen, Müsliflocken, Teigwaren, Backpulver, Puddingpulver (Vollkornprodukte sind vorzuziehen)
Obst	Süße, mürbe Äpfel, Bananen, frische Feigen, Datteln Trockenobst (außer Rosinen), Esskastanien
Gemüse	Stärkereiche Gemüse wie Schwarzwurzeln, Kartoffeln, Topinambur, Batate (Süßkartoffel)
Getränke	Bier
Süßungsmittel	Rohzucker, Honig, Zuckerrübensirup, Ahornsirup, Apfel- und Birnendicksaft, Frutilose
Sonstiges	Weinstein-Backpulver, Carob (Kakaoersatz)

Hinweis

Die einzigen Gemüsesorten, die sich in der Kohlenhydrat- und nicht in der neutralen Gruppe befinden, sind Gemüse mit einem überwiegenden Stärkeanteil. Hülsenfrüchte enthalten Kohlenhydrate wie auch Eiweiß und sind daher zu meiden.

Die Lebensmittel der neutralen Gruppe

Obst

Rosinen, Heidelbeeren (frisch oder TK)
Oliven, Avocado

Gemüse/Salat

Alle rohen oder gegarten Frucht-, Kohl-, Blatt-,
Wurzel- und Knollengemüse (außer Kartoffeln,
Topinambur, Batate, Schwarzwurzeln, gekochte
Tomaten)
Alle Salatsorten
Pilze
Keimlinge, Sprossen, Kräuter (frisch und
getrocknet)

Milch/Milch-
produkte

Alle gesäuerten Milchprodukte wie Buttermilch,
Sauermilch, Dickmilch, Sahne-Dickmilch, Kefir,
Jogurt, saure Sahne, Crème fraîche
Kaffeesahne (süße Sahne mit mindestens 10%
Fett), Schlagsahne (süße Sahne mit mindestens
30% Fett), Crème double (süße Sahne mit
mindestens 40% Fett)
Käse über 45% Fett i. Tr.
Alle Frischkäsesorten (keine Fertigzubereitungen
mit Kräutern etc.) wie Schafskäse (Feta),
Ziegenkäse, körniger Frischkäse, Rahm-
und Doppelrahm-Frischkäse, Schichtkäse,
Speisequark in allen Fettgehaltsstufen, Ricotta,
Mozzarella, Mascarpone

Die Lebensmittel der neutralen Gruppe

Pflanzliche Fette	Pflanzliche ungehärtete Streich- und Kochfette (aus dem Reformhaus) Unraffinierte Pflanzenöle Ungehärtetes Kokosfett
Tierische Fette	Butter, Butterschmalz
Getränke	Hochprozentige Spirituosen (Schnaps, Sherry, Likör)
Sonstiges	Gemüsebrühe (Instant) Gelier- und Bindemittel wie Agar-Agar, Gelatine, Johannisbrotkernmehl (z. B. Biobin), Kuzu (Pfeilwurzelstärke) Frischhefe, Trockenbackhefe, Hefeextrakt Eigelb Gewürze, Senf, Meerrettich, Zitrusschale Alle Samen, Nüsse, Kerne

Tipps für die Praxis

In der Trennkost gibt es verschiedene Möglichkeiten, die Lebensmittel der drei Gruppen zu kombinieren:
* Eiweißgruppe + neutrale Gruppe
* Kohlenhydratgruppe + neutrale Gruppe
* Neutrale Gruppe + neutrale Gruppe
Nur die Kombination Eiweißgruppe + Kohlenhydratgruppe ist verboten!

Die wichtigsten Trennkost-Regeln

❖ Verzehren Sie eiweiß- und kohlenhydratreiche Lebensmittel innerhalb einer Mahlzeit nicht gemeinsam.

❖ Gemüse, Salate und Obst sollen den Löwenanteil der Nahrung ausmachen, Fleisch, Getreideprodukte etc. dagegen nur Beilage sein.

❖ Essen Sie vor jeder Hauptmahlzeit einen Rohkostsalat.

❖ Verzehren Sie nach 16 Uhr keine Eiweißmahlzeiten mehr, da diese den Körper zu stark belasten würden.

❖ Verwenden Sie nur natürliche und naturbelassene Lebensmittel. Meiden Sie Fertigprodukte wie Mayonnaise, Ketchup, Frischkäsezubereitungen, Fruchtjogurt, Fruchtquark, Fertigmenüs, Fertigsuppen oder -saucen sowie Konserven (tiefgekühlte Ware ist als Alternative zur Frischkost erlaubt).

❖ Meiden Sie Weißmehl und Weißmehlprodukte (Brot, Kuchen, Nudeln) sowie polierten Reis, verwenden Sie stattdessen Vollkornwaren.

❖ Meiden Sie Zucker, künstliche Süßstoffe sowie zucker- bzw. süßstoffhaltige Produkte (Marmelade, Süßigkeiten). Als Ersatz geeignet sind Honig, Ahornsirup, Frucht-Dicksäfte, Frutilose (entsäuertes Apfel- und Birnensaftkonzentrat), Zuckerrübensirup.

❖ Meiden Sie Hülsenfrüchte (Bohnen, Erbsen) und Erdnüsse.

❖ Salzen Sie sparsam; ersetzen Sie Kochsalz durch Kräutersalz.

❖ Meiden Sie Kaffee, Schwarztee, Kakao und Alkohol. Geeignete Getränke sind Kräuter- und Früchtetees, Mineralwasser, verdünnte Frucht- und Gemüsesäfte, Getreidekaffee.

Tricks für die Küche

Einige Zubereitungsarten der herkömmlichen Küche passen nicht in das Trennkost-Schema. Hier helfen ein paar Tricks.

Bindemittel

Speisestärke (Kohlenhydratgruppe) darf nicht mit Lebensmitteln aus der Eiweißgruppe kombiniert werden. Zum Binden von Suppen, Saucen oder Desserts aus dieser Gruppe empfehlen sich stattdessen Johannisbrotkernmehl (z. B. Biobin; neutral), Agar-Agar (neutral) oder Sojamehl (Eiweißgruppe).

❖ Agar-Agar ist ein geschmacksneutrales Binde- und Geliermittel aus Meeresalgen. Man braucht für 250 Milliliter Flüssigkeit etwa einen gestrichenen Teelöffel Agar-Agar.

❖ Biobin (gibt's im Reformhaus) wird mit dem beigefügten Messlöffel dosiert: 1 Messlöffel (= 1 Gramm) ist ausreichend für 100 bis 200 Milliliter Flüssigkeit.

Panieren

Zum Panieren von Fleisch oder Fisch (Eiweißgruppe) sind Mehl oder Semmelbrösel (beides Kohlenhydratgruppe) nicht geeignet. Als Alternative bieten sich aus der Eiweißgruppe Sojamehl und aus der neutralen Gruppe geriebene Nüsse an.

Dressings

Essig ist in der Trennkost tabu, daher sind Alternativen zur sonst üblichen Essig-Öl-Marinade für Salate nötig. Besteht der Salat aus Zutaten der Eiweißgruppe, passt dazu eine Sauce aus

Zitronensaft (Eiweißgruppe), Öl, Sahne oder Sauermilchprodukten (neutrale Gruppe). Stammen die Salatzutaten aus der Kohlenhydratgruppe oder der neutralen Gruppe, kommen für die Sauce nur neutrale Zutaten wie Öl, Sauermilchprodukte oder Sahne in Frage, die mit Brottrunk oder vergorenem Molkenkonzentrat (z. B. Molkosan) gesäuert werden können. Molkosan und Brottrunk sind im Reformhaus erhältlich.

Milchersatz

Erfordert ein Kohlenhydratgericht die Zugabe von Milch (Eiweißgruppe), können Sie als neutralen Ersatz ein Drittel Sahne (neutrale Gruppe) mit zwei Drittel Wasser gemischt verwenden.

Streukäse

Parmesankäse zählt mit 32 % Fett i. Tr. zur Eiweißgruppe. Für Kohlenhydratgerichte ersetzt man ihn durch Pecorino (neutral), das ist ein italienischer Hartkäse mit einem Fettgehalt von ca. 45 % Fett i. Tr., der sich ebenfalls gut reiben lässt.

Hinweise zu den Rezepten

❖ Bei jedem Rezept in diesem Buch ist vermerkt, ob es sich um ein Gericht aus der Eiweiß-, Kohlenhydrat- oder neutralen Gruppe handelt. Einzige Ausnahme sind die Backrezepte, die im Prinzip alle zur Kohlenhydratgruppe gehören, da Mehl verwendet wird. Das in dieser Kombination eigentlich verbotene Ei kann ersetzt werden (siehe Seite 104). Sie können aber auch ein Auge zudrücken und Eier verwenden.

❖ Alle Rezepte sind für vier Personen berechnet, falls nichts anderes angegeben ist.

Frühstück

Sommerlicher Früchteteller

200 g Himbeeren
200 g Erdbeeren
1 Orange
2 Kiwis
1 Pfirsich

1 Karambole (Sternfrucht)
150 g Quark (20%)
Saft von ½ Orange
1 TL Ahornsirup

1 Die Beeren verlesen, abbrausen, putzen und trockentupfen. Große Erdbeeren halbieren. Orange und Kiwis schälen.
2 Die Orangenspalten filetieren, die Kiwis in Scheiben schneiden. Pfirsich und Karambole waschen und in Spalten bzw. Scheiben schneiden.
3 Die Früchte auf vier Tellern anrichten, dabei die Mitte frei lassen. Den Quark mit dem Orangensaft und Ahornsirup verrühren und jeweils einen Klecks in die Tellermitte setzen.
❖ Zubereitungszeit: 15 Minuten
❖ Pro Portion 100 kcal / 420 kJ

Himbeerquark

500 g Quark (20%)
75 ml Vollmilch

2 EL frisch gepresster Orangensaft
1 TL Blütenhonig
300 g Himbeeren

1 Den Quark mit Milch, Orangensaft und Honig gründlich verrühren.

2 Die Himbeeren verlesen, abbrausen, putzen und trocken-tupfen. Vorsichtig unter den Quark heben.

3 Den Quark auf vier Schälchen verteilen und kühl stellen.

❖ **Zubereitungszeit: 10 Minuten**
❖ **Pro Portion 165 kcal / 693 kJ**

Hinweis

In der Eiweißgruppe sind keine Süßungsmittel enthalten. Daher darf Honig in geringen Mengen zum Süßen eines Eiweißgerichts verwendet werden, auch wenn er zur Kohlenhydratgruppe zählt.

Staudensellerie mit Schinkencreme

150 g gekochter Schinken	Muskat
3 EL fein gehackte Petersilie	4 Stangen Staudensellerie (auch
150 g körniger Frischkäse	als Stangensellerie oder Bleich-
Pfeffer	sellerie bekannt)

1 Den Schinken etwas zerkleinern und im Mixer fein pürieren, dann mit der Petersilie und dem Frischkäse gut verrühren. Mit Pfeffer und Muskat abschmecken.

2 Den Sellerie putzen, waschen und trockentupfen. Die Hohlseite der Stangen mit der Schinkencreme füllen.

❖ **Zubereitungszeit: 10 Minuten**
❖ **Pro Portion 110 kcal / 462 kJ**

Rührei mit Salami

8 Eier

150 ml Vollmilch

100 ml Mineralwasser

1 Prise Salz

Pfeffer

150 g Salami (am Stück)

1 EL Butter

4 EL Schnittlauchröllchen

1 Eier, Milch und Mineralwasser mit dem Schneebesen gut verrühren, dann die Masse salzen und pfeffern. Die Salami würfeln.

2 Die Butter in einer großen Pfanne schmelzen. Die Eiermasse hineingießen. Sobald sie zu stocken beginnt, die Salamiwürfel darüber streuen. Das Rührei nun bei ganz milder Hitze stocken lassen, dabei vorsichtig mit einem Pfannenwender das Ei immer wieder vom Pfannenboden ablösen.

3 Das fertige Rührei mit Schnittlauchröllchen bestreuen und sofort servieren.

❖ **Zubereitungszeit: 15 Minuten**

❖ **Pro Portion 350 kcal/1470 kJ**

Haferflockenmüsli

1 süßer, mürber Apfel
2 Bananen
180 g Haferflocken

2 EL Rosinen
300 g Vollmilchjogurt
2 EL Ahornsirup

1 Den Apfel waschen, halbieren, das Kerngehäuse entfernen und die Hälften in Spalten schneiden. Die Bananen schälen und in Scheiben schneiden. Die Früchte mit den Haferflocken und den Rosinen mischen.

2 Den Jogurt mit dem Ahornsirup verrühren und vorsichtig mit dem Müsli vermischen. Einige Minuten ziehen lassen.

❖ **Zubereitungszeit: 10 Minuten**
❖ **Pro Portion 350 kcal / 1470 kJ**

Brötchen mit Radieschenbutter

¹/₂ Bund Radieschen
3 EL Schnittlauchröllchen
100 g weiche Butter

Salz
Pfeffer
4 Vollkornbrötchen

1 Die Radieschen putzen, waschen und fein reiben, mit 2 EL Schnittlauch und der Butter vermischen, salzen und pfeffern.

2 Die aufgeschnittenen Brötchen mit der Radieschenbutter bestreichen und den restlichen Schnittlauch darüber streuen.

❖ **Zubereitungszeit: 10 Minuten**
❖ **Pro Portion 290 kcal / 1218 kJ**

Trockenobstmüsli

10 getrocknete Pflaumen
10 getrocknete Aprikosen
2 EL Rosinen
100 g Haferflocken
4 EL Hirseflocken
1 EL Leinsamenschrot

1 EL Mohn (frisch gemahlen)
1 Banane
300 g Vollmilchjogurt
2 EL Akazienhonig
10 Haselnüsse

1 Die Pflaumen und Aprikosen etwas zerkleinern und über Nacht in wenig Wasser einweichen.

2 Am nächsten Morgen abgießen und gut abtropfen lassen. Die Rosinen, die Hafer- und Hirseflocken, den Leinsamenschrot, den Mohn und die in dünne Scheiben geschnittene Banane untermischen.

3 Den Jogurt mit dem Honig verrühren, über das Müsli gießen und vorsichtig unterrühren. Die Haselnüsse grob hacken und darüber streuen.

❖ Zubereitungszeit: 10 Minuten; Quellzeit: über Nacht
❖ Pro Portion 400 kcal/1680 kJ

Avocadobrot

4 Scheiben Vollkornbrot
4 EL körniger Frischkäse
1 Avocado
1 EL Zitronensaft

Salz
Pfeffer
1/4 Kästchen Kresse

1 Die Brotscheiben mit Frischkäse bestreichen. Die Avocado schälen, halbieren, entsteinen und in dünne Spalten schneiden. Diese auf die Frischkäsebrote verteilen.

2 Den Zitronensaft über die Avocadospalten träufeln, leicht salzen und pfeffern. Die Kresse abschneiden und die Avocadobrote damit bestreuen.

❖ **Zubereitungszeit: 10 Minuten**
❖ **Pro Portion 165 kcal / 693 kJ**

___Die große Ausnahme___

Avocados werden häufig in Verbindung mit Lebensmitteln aus der Kohlenhydratgruppe (Brot, Kartoffeln) zubereitet. Damit sie sich nicht verfärben, aber auch aus Geschmacksgründen sollten sie unmittelbar nach dem Schälen mit Zitronensaft (Eiweißgruppe) beträufelt werden, was ja eigentlich in der Trennkost nicht erlaubt ist. Da es in diesem Fall aber keine geeignete Alternative gibt und Avocados wegen ihrer vielen ungesättigten Fettsäuren viel zu wertvoll sind, um auf sie zu verzichten, ist die Verwendung von Zitronensaft in Maßen erlaubt.

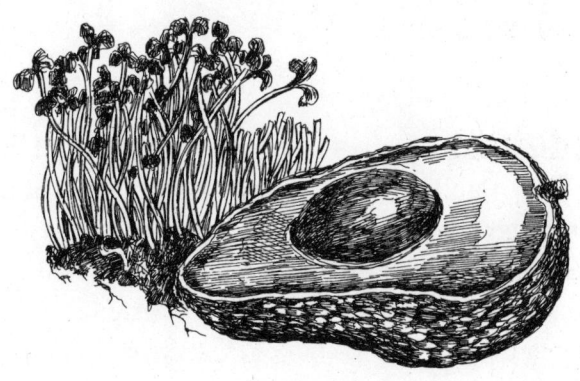

Heidelbeerjogurt mit Nüssen

500 g Vollmilchjogurt
2 EL Akazienhonig

200 g Heidelbeeren
2 EL gehackte Cashewkerne

1 Den Jogurt mit dem Honig verrühren.

2 Die Heidelbeeren verlesen, abbrausen und abtropfen lassen. Dann diese zusammen mit den Nüssen vorsichtig unter den Jogurt heben.

❖ **Zubereitungszeit: 5 Minuten**

❖ **Pro Portion 170 kcal / 714 kJ**

Schichtkäse mit Rohkost

250 g Magerquark
250 g Frischkäse
2 EL Sahne
Salz
Paprikapulver (edelsüß)
1 EL Kümmel

1 Schalotte
1 Bund Schnittlauch
1 Kästchen Kresse
Gemüse nach Belieben (z. B.
    Paprikaschoten, Staudensellerie,
    Möhren, Gurken)

1 Den Quark mit dem Frischkäse und der Sahne gut verrühren. Mit Salz, Paprika und Kümmel würzen. Die Schalotte schälen, sehr fein hacken und untermischen.

2 Den Schnittlauch abbrausen, trockenschütteln und in feine Röllchen schneiden.

3 Ein Drittel der Quarkmasse in ein Glasgefäß (z. B. ein kleines Einmachglas) füllen. Den Schnittlauch darauf verteilen, so dass er von außen gut sichtbar ist. Das zweite Drittel Quark einfüllen. Die Kresse abschneiden und darauf verteilen. Auch diese grüne Schicht soll von außen gut sichtbar sein. Mit dem restlichen Quark bedecken. Den Quark kühl stellen und vor dem Servieren mit Paprikapulver bestreuen.

4 Das Gemüse putzen, waschen und zum Dippen in dünne Stäbchen schneiden.

5 Die Rohkost zusammen mit dem Schichtkäse im Glas servieren.

❖ Zubereitungszeit: 20 Minuten; Kühlzeit: 1 bis 2 Stunden
❖ Pro Portion 280 kcal / 1176 kJ

Paprika mit Kräuterfrischkäse

300 g Doppelrahm-Frischkäse
3 EL saure Sahne
3 EL gehackte Kräuter
  (Schnittlauch, Dill)

Salz
Pfeffer
4 rote Paprikaschoten

1 Den Frischkäse mit der sauren Sahne und den Kräutern verrühren, salzen und pfeffern.

2 Die Paprikaschoten waschen, halbieren und putzen. Den Frischkäse in die Paprikahälften füllen.

3 Nach Belieben mit Schnittlauch oder Dill bestreuen.

❖ Zubereitungszeit: 5 Minuten
❖ Pro Portion 255 kcal / 1071 kJ

Salate

Pilzsalat »3 Sorten«

200 g braune Champignons	2 Schalotten
200 g Shiitakepilze	1/2 Bund krause Petersilie
200 g Austernpilze	2 EL Sonnenblumenöl
4 EL Zitronensaft	1 TL Senf (mittelscharf)
100 g Frühstücksspeck	Salz
2 EL Olivenöl	Pfeffer

1 Champignons und Shiitakepilze kurz waschen und trockentupfen. Die Champignons in Scheibchen schneiden und mit 2 EL Zitronensaft beträufeln, die Shiitakepilze im Ganzen verwenden. Die Austernpilze nur mit einem feuchten Küchenpapier abreiben und etwas zerkleinern. Den Speck in fingerbreite Streifen schneiden.
2 Das Öl erhitzen und die Pilze darin unter ständigem Wenden etwa 3 Minuten braten, herausnehmen und abkühlen lassen. Den Speck in der Pfanne kross ausbraten und beiseite stellen.
3 Die Schalotten schälen und in feine Ringe schneiden, die Petersilie grob hacken, mit Pilzen und Speck mischen.
4 Aus dem restlichen Zitronensaft, Sonnenblumenöl, Senf, Salz und Pfeffer eine Marinade bereiten. Über den Pilzsalat gießen, alles gut vermischen und 30 Minuten durchziehen lassen.
❖ Zubereitungszeit: 25 Minuten; Marinierzeit: 30 Minuten
❖ Pro Portion 280 kcal/1176 kJ

Eisbergsalat »Thousand Islands«

1 kleiner Eisbergsalat

75 g Vollmilchjogurt

75 g Sahne

3 EL frisch gepresster Orangensaft

1 EL Tomatenmark

1 TL Paprikapulver (edelsüß)

Salz

Pfeffer

1/2 rote Paprikaschote

1 Vom Eisbergsalat die äußeren Blätter entfernen. Den Kopf waschen, achteln und dann die Blätter voneinander lösen. Den Salat auf vier Teller verteilen.

2 Für das Dressing Jogurt, Sahne, Orangensaft, Tomatenmark und Paprikapulver verrühren und mit Salz und Pfeffer abschmecken.

3 Die halbe Paprikaschote waschen, den Stielansatz, die Kerne und die weißen Häutchen entfernen. Das Fruchtfleisch sehr fein würfeln und unter die Sauce rühren. Das Dressing über den Salat gießen.

❖ **Zubereitungszeit: 15 Minuten**

❖ **Pro Portion 85 kcal / 357 kJ**

Rucola mit Schweinebraten

200 g Rucola
200 g kalter Schweinebraten
  (am Stück)
1 rosa Grapefruit
2 Mandarinen
3 EL Walnussöl

2 EL Zitronensaft
3 EL Vollmilchjogurt
Salz
Pfeffer
2 EL gehackte Walnusskerne

1 Den Rucola abbrausen, trockenschütteln und eventuell etwas zerkleinern. Den Schweinebraten in dünne Streifen schneiden. Grapefruit und Mandarinen schälen und die Spalten filetieren. Alle Zutaten auf vier Salattellern dekorativ anrichten.

2 Öl, Zitronensaft, Jogurt, Salz und Pfeffer verrühren und über den Salat gießen. Die gehackten Walnusskerne darüber streuen.

❖ **Zubereitungszeit: 15 Minuten**
❖ **Pro Portion 255 kcal / 1071 kJ**

Zitrusfrüchte filetieren

Kernlose Zitrusfrüchte eignen sich zum Filetieren am besten: Man schneidet die Frucht am Stiel- sowie am Blütenansatz ab, sodass sie aufrecht auf einem Brett steht. Dann trennt man mit einem scharfen Messer die Schale einschließlich der weißen Haut sorgfältig von oben nach unten ab und folgt dabei der Rundung der Frucht. Nun nimmt man die Frucht in die Hand und schneidet vorsichtig die Spalten zwischen den Trennhäutchen heraus.

Endivien-Käse-Salat mit Nüssen

1 kleiner Endiviensalat
2 Frühlingszwiebeln
100 g Butterkäse
100 g Vollmilchjogurt
50 ml Buttermilch

2 EL gehackte Kräuter (Schnittlauch,
   Petersilie, Zitronenmelisse)
Salz
Pfeffer
2 EL gehackte Walnüsse

1 Den Endiviensalat putzen, waschen, trocknen und in Streifen schneiden. Die Frühlingszwiebeln putzen, waschen, in dünne Ringe schneiden, den Käse würfeln. Alle Zutaten mischen.
2 Jogurt, Buttermilch und Kräuter verrühren, mit Salz und Pfeffer abschmecken. Den Salat damit vermischen und mit den gehackten Nüssen bestreut servieren.

❖ **Zubereitungszeit: 15 Minuten**
❖ **Pro Portion 130 kcal/546 kJ**

Käse-Ananas-Salat mit Fenchel

1 Fenchelknolle (200 g)
200 g Gouda
300 g frische Ananas
2 Orangen
150 g saure Sahne

Salz
Pfeffer
100 g Mandelstifte
Schöne Kopfsalatblätter zum
   Anrichten

1 Den Fenchel putzen und waschen. Das Fenchelgrün abtrennen, fein hacken und beiseite stellen. Den Fenchel in feine

Streifen schneiden. Den Gouda würfeln. Die Ananas von Schale und hartem Strunk befreien und in kleine Stücke schneiden. Eine Orange auspressen, die andere schälen und filetieren.

2 Die Fenchelstreifen, Käsewürfel, Ananasstücke und Orangenfilets mischen.

3 Die saure Sahne mit dem Orangensaft verrühren und mit Salz und Pfeffer würzen. Den Salat mit dem Dressing mischen.

4 Die Mandelstifte in einer beschichteten Pfanne ohne Fettzugabe rösten. Den Salat auf den gewaschenen Salatblättern anrichten, die Mandelstifte und das Fenchelgrün darüber streuen.

❖ **Zubereitungszeit: 25 Minuten**
❖ **Pro Portion 430 kcal/1806 kJ**

___Hinweis___

Verwenden Sie für Salate nur kalt gepresste Öle mit einem hohen Anteil an ungesättigten Fettsäuren: z. B. Distelöl, Maiskeimöl, Olivenöl, Rapsöl, Sesamöl, Sonnenblumenöl, Traubenkernöl oder Walnussöl.

Bunter Hähnchensalat

200 g Hähnchenbrustfilet	100 g Kirschtomaten
Salz	2 EL Schnittlauchröllchen
Pfeffer	2 EL Zitronensaft
Paprikapulver (edelsüß)	2 EL Vollmilchjogurt
3 EL Sesamöl	1 EL Dijonsenf
½ Kopfsalat	1 hart gekochtes Ei
½ Radicchio	

1 Das Hähnchenbrustfilet in dünne Streifen schneiden, mit Salz, Pfeffer und Paprika würzen. In 1 EL Sesamöl rundum braun braten, herausnehmen und beiseite stellen.

2 Den Kopfsalat und Radicchio putzen, waschen und trockenschütteln, die Blätter etwas zerkleinern. Die Kirschtomaten waschen, trocknen und vierteln.

3 Das Fleisch mit Salat, Tomaten und Schnittlauch mischen.

4 Das restliche Öl mit Zitronensaft, Jogurt und Senf verrühren, salzen und pfeffern. Den Salat mit dem Dressing mischen und in einer Schüssel anrichten.

5 Das Ei in dünne Scheiben schneiden und auf dem Salat verteilen. Mit etwas Paprikapulver bestreuen.

❖ **Zubereitungszeit: 25 Minuten**
❖ **Pro Portion 180 kcal / 756 kJ**

Orangen-Putenbrust-Salat

250 g gegarte Putenbrust	2 EL Limettensaft
2 Orangen	1 TL ger. Meerrettich
Ca. 200 g Lollo rosso	Salz
3 EL Vollmilchjogurt	Pfeffer
1 EL Mayonnaise	2 EL Schnittlauchröllchen

1 Die Putenbrust in fingerbreite Streifen schneiden. Die Orangen schälen und die Spalten filetieren. Den Salat abbrausen, trockenschütteln und in mundgerechte Stücke zupfen. Putenbrust, Orangenfilets und Lollo rosso mischen.

2 Für das Dressing Jogurt, Mayonnaise, Limettensaft, Meerrettich, Salz und Pfeffer gut verrühren und mit dem Salat vermischen. Mit Schnittlauchröllchen bestreuen.

❖ Zubereitungszeit: 10 Minuten
❖ Pro Portion 130 kcal / 546 kJ

Reissalat mit Rucola

200 g Naturreis	1 EL Butter
½ l Gemüsebrühe	100 g Rucola
2 EL ger. Pecorino	1 EL gehackte Petersilie
3 EL Olivenöl	2 EL Molkosan
100 g Brokkoliröschen	Salz
150 g braune Champignons	Pfeffer

1 Den Reis in der Gemüsebrühe in etwa 25 Minuten weich garen. Pecorino und 1 EL Öl unter den garen Reis rühren, etwas abkühlen lassen.

2 Die Brokkoliröschen in Salzwasser etwa 7 Minuten lang bissfest garen, herausnehmen und gut abtropfen lassen.

3 Die Champignons putzen (nur bei Bedarf waschen) und feinblättrig schneiden. Die Butter schmelzen und die Pilze darin andünsten. Den Rucola abbrausen, trockenschütteln und in Streifen schneiden.

4 Den Reis mit Brokkoliröschen, Champignons, Rucola und Petersilie mischen. Das restliche Öl mit Molkosan verrühren, salzen und pfeffern.

5 Den Reissalat mit der Sauce gut vermischen. Etwas ziehen lassen, dann nochmals abschmecken.

❖ Zubereitungszeit: 45 Minuten
❖ Pro Portion 320 kcal / 1344 kJ

Bunter Makkaronisalat

200 g Vollkorn-Makkaroni	1 Bund Basilikum
Je 1 rote und gelbe Paprikaschote	4 EL Olivenöl
3 Fleischtomaten	1 EL Crème fraîche
2 Schalotten	3 EL Molkosan
1 Mozzarella	Salz
10 schwarze Oliven	Pfeffer

1 Die Nudeln nach Packungsvorschrift bissfest kochen, dann abschrecken und abkühlen lassen.

2 Die Paprikaschoten waschen, putzen und in feine Streifen schneiden. Die Tomaten waschen, vom Stielansatz befreien und achteln. Die Schalotten schälen und in feine Ringe schneiden. Den Mozzarella klein würfeln.

3 Nudeln, Paprikaschoten, Tomaten, Schalotten, Mozzarella und Oliven gut vermischen. Das Basilikum abbrausen und trockenschütteln. Die Blättchen abzupfen und grob hacken.

4 Öl, Crème fraîche, Molkosan, Salz und Pfeffer verrühren. Sauce und Basilikum mit dem Nudelsalat vermischen.

❖ Zubereitungszeit: 30 Minuten
❖ Pro Portion 400 kcal / 1680 kJ

Salat mit Knoblauch-Croûtons

½ Eichblattsalat
½ Friséesalat
2 Frühlingszwiebeln
150 g kleine Champignons
3 EL Butter
4 EL Molkosan

Salz
Pfeffer
4 EL Walnussöl
3 Scheiben Vollkorntoast
1 kleine Knoblauchzehe
2 EL Schnittlauchröllchen

1 Den Salat putzen, waschen, trockenschütteln und in mundgerechte Stücke zerteilen. Die Frühlingszwiebeln putzen, waschen und in schmale Ringe schneiden. Die Champignons putzen (nur bei Bedarf waschen) und in feine Scheibchen schneiden.

2 1 EL Butter in einer kleinen Pfanne schmelzen. Die Champignons darin 1 Minute dünsten. Dann herausnehmen und mit den beiden Salatsorten und den Frühlingszwiebeln auf vier Salattellern anrichten.

3 Aus Molkosan, Salz, Pfeffer und Öl ein Dressing herstellen und über den Salat gießen.

4 Das Brot in kleine Würfel schneiden. Die restliche Butter in der Pfanne schmelzen, den Knoblauch schälen, pressen und zu der Butter geben. Die Brotwürfel in der Knoblauchbutter goldgelb rösten.

5 Vor dem Servieren die Croûtons und die Schnittlauchröllchen über den Salat streuen.

❖ Zubereitungszeit: 25 Minuten
❖ Pro Portion 270 kcal / 1134 kJ

Endivien-Kartoffel-Salat

800 g Kartoffeln (fest kochend)
1 Endiviensalat
3 Schalotten
1 EL Butter
4 EL Molkosan

Salz
Pfeffer
2 EL Dijonsenf
4 EL Maiskeimöl
4 EL Schnittlauchröllchen

1 Die ungeschälten Kartoffeln in 20 bis 30 Minuten (je nach Größe) in kochendem Salzwasser weich garen, dann abgießen, schälen und in Scheiben schneiden.

2 Während die Kartoffeln kochen, den Endiviensalat putzen, waschen, trockenschütteln und in etwa 2 Zentimeter breite Streifen schneiden.

3 Die Schalotten schälen und hacken. Die Butter in einer Pfanne erhitzen, die Schalotten darin unter Rühren glasig werden lassen.

4 Aus Molkosan, Salz, Pfeffer, Senf und Öl eine Marinade bereiten. Die gedünsteten Schalotten untermischen. Von den Schnittlauchröllchen 1 EL zurückbehalten, den Rest ebenfalls unter die Marinade rühren.

5 Die noch warmen Kartoffeln und den Endiviensalat zusammen in eine große Schüssel geben und gründlich mit der Marinade vermischen.

6 Den Salat mit dem restlichen Schnittlauch bestreuen und lauwarm servieren.

❖ **Zubereitungszeit: 30 bis 40 Minuten**
❖ **Pro Portion 310 kcal/1302 kJ**

Sprossensalat mit Mozzarella

200 g gemischte Sprossen
  (z. B. Weizen, Hafer, Alfalfa)
2 Fleischtomaten
1 Mozzarella
1/2 Bund Radieschen
1 Kästchen Kresse

3 EL Molkosan
1 TL Senf (mittelscharf)
Salz
Pfeffer
4 EL Sonnenblumenöl

1 Die Sprossen abspülen und abtropfen lassen. Die Tomaten waschen und achteln. Den Mozzarella halbieren, dann in dünne Scheiben schneiden. Die Radieschen putzen, waschen und fein hobeln. Die Kresse abschneiden. Alles in eine Schüssel geben.

2 Aus Molkosan, Senf, Salz, Pfeffer und Öl ein Dressing bereiten, über den Salat gießen und alles gut vermischen.

❖ **Zubereitungszeit: 15 Minuten**
❖ **Pro Portion 220 kcal / 924 kJ**

Chicorée-Rohkost mit Möhren

2 Chicorée (300 g)
3 Möhren
30 g Walnusskerne
150 g saure Sahne
2 EL Molkosan

3 EL gehackter Dill
Salz
Pfeffer
1/2 Kästchen Kresse

1 Den Chicorée waschen, trocknen, der Länge nach halbieren und die harten Strünke keilförmig herausschneiden. Die Chicoréehälften quer in feine Streifen schneiden.

2 Die Möhren waschen, schälen und grob reiben. Die Nüsse klein hacken. Chicorée, Möhren und Nüsse in eine größere Schüssel geben.

3 Die saure Sahne mit dem Molkosan, Dill, Salz und Pfeffer verrühren. Die Rohkost mit dem Dressing vermischen und mindestens 10 Minuten im Kühlschrank ziehen lassen.

4 Die Kresse abschneiden und vor dem Servieren darüber streuen.

❖ Zubereitungszeit: 10 Minuten; Kühlzeit: mindestens 10 Minuten
❖ Pro Portion 145 kcal/609 kJ

Tipp

Chicorée hat einen leicht bitteren Geschmack, was auch seinen Reiz ausmacht. Damit er allerdings als Salat genießbar ist, muss man den Kern sorgfältig keilförmig herausschneiden. Der Kern ist deutlich bitterer als die übrige Pflanze. Beim Einkaufen sollten Sie darauf achten, dass die Blattköpfe des Chicorée fest und blassgelb sind.

Suppen

Tomatensuppe mit Tofu-Nocken

Für die Nocken
200 g Tofu
3 EL Sojamehl
2 EL Vollmilch
Salz
1 Eigelb
2 EL Sesamsamen
Für die Suppe
4 Tomaten
2 Schalotten
1 Knoblauchzehe

40 g Butter
200 ml Tomatensaft
700 ml Gemüsebrühe
1 EL Sojamehl
Salz
Paprikapulver
Chilipulver
Worcestersauce
Außerdem
2 EL fein gehacktes Basilikum

1 Den Tofu gut abtropfen lassen. Mit Sojamehl, Milch und Salz im Mixer zu einer glatten Masse verrühren. Dann das Eigelb untermischen und 30 Minuten kühl stellen.

2 Die Sesamsamen in einer beschichteten Pfanne ohne Fettzugabe leicht rösten und unter die Tofucreme kneten. Mit zwei Teelöffeln kleine Nocken abstechen und in einem Siebeinsatz über kochendem Wasser zugedeckt 10 Minuten dämpfen.

3 Für die Suppe die Tomaten kurz in kochendes Wasser tauchen, häuten und den Stielansatz sorgfältig entfernen. Das Fruchtfleisch fein würfeln. Schalotten und Knoblauch schälen und fein hacken.

4 Die Butter in einem Topf schmelzen, Schalotten und Knoblauch darin anbraten. Die Tomaten zufügen und kurz mitdünsten. Den Tomatensaft und die Gemüsebrühe zufügen, das Sojamehl einrühren. Mit Salz, Paprika, Chili und Worcestersauce würzen. Die Suppe 15 Minuten köcheln lassen, dann durch ein Sieb streichen.

5 Die Tofu-Nocken in die Suppe geben, nochmals heiß werden lassen. Mit Basilikum bestreut servieren.

❖ Zubereitungszeit: 50 Minuten
❖ Pro Portion 230 kcal/966 kJ

Forellencremesuppe mit Kerbel

500 g geräucherte Forellenfilets	½ l Fischfond (aus dem Glas)
2 Schalotten	Salz
½ Bund Kerbel	Pfeffer
1 EL Butter	Saft von ½ Zitrone
250 g Sahne	2 Eigelb

1 Die Forellenfilets etwas zerkleinern. Die Schalotten fein hacken. Den Kerbel abbrausen, trocknen und grob hacken.

2 Die Butter in einem Topf schmelzen und die Schalotten darin leicht anbraten. Forellenfilets, Sahne und die Hälfte des Kerbels zufügen, mit dem Handmixstab pürieren.

3 Den Fischfond angießen und die Suppe 10 Minuten bei schwacher Hitze köcheln lassen. Mit Salz, Pfeffer und Zitronensaft abschmecken.

4 Das Eigelb verquirlen. Die Suppe vom Herd nehmen und mit dem Eigelb binden. In vorgewärmte Suppentassen füllen und mit dem restlichen Kerbel bestreuen.

❖ Zubereitungszeit: 30 Minuten
❖ Pro Portion 455 kcal / 1911 kJ

Zucchinieintopf mit Kalbsklößchen

4 EL weiche Butter	Muskat
150 g Kalbsbrät	2 Schalotten
2 EL Sojamehl	600 g Zucchini
1 Eigelb	3/4 l Gemüsebrühe
2 EL gehackte Minze	75 g Crème fraîche
Salz	Saft von 1/2 Zitrone
Pfeffer	

1 Die Hälfte der Butter mit Kalbsbrät, Sojamehl, Eigelb, Minze, Salz, Pfeffer und Muskat verkneten und mit zwei Teelöffeln zu kleinen Klößchen formen. Etwa 1 l Salzwasser zum Kochen bringen, die Klößchen darin 10 Minuten ziehen lassen, dann herausheben und abtropfen lassen.

2 Inzwischen die Schalotten schälen und fein hacken. Die Zucchini gründlich waschen und putzen, der Länge nach halbieren und in fingerdicke Stücke schneiden. Die restliche Butter in einem großen Topf schmelzen und die Schalotten darin leicht anbraten. Die Zucchini hineingeben und 5 Minuten mitbraten.

3 Die Gemüsebrühe und die Crème fraîche zufügen und den Eintopf zugedeckt bei schwacher Hitze etwa 20 Minuten köcheln lassen. Mit Salz, Pfeffer und Zitronensaft abschmecken.
4 Kurz vor Ende der Garzeit die Kalbsklößchen zufügen und darin erwärmen.

❖ Zubereitungszeit: 50 Minuten
❖ Pro Portion 300 kcal / 1260 kJ

Käse-Lauch-Suppe

400 g Lauch	⅛ l Weißwein (trocken)
Salz	100 g Crème fraîche
1 EL Butter	150 g ger. Greyerzer
1 EL Sojamehl	Pfeffer
½ l Gemüsebrühe	1 Msp. Muskat

1 Den Lauch putzen, waschen, in dünne Ringe schneiden, etwa 8 Minuten in Salzwasser kochen, dann abgießen.
2 Die Butter in einem Topf schmelzen, das Sojamehl darin anschwitzen. Die Gemüsebrühe und den Wein einrühren und aufkochen lassen.
3 Die Crème fraîche und den Greyerzer zufügen, den Käse unter ständigem Rühren schmelzen lassen. Die Suppe mit Salz, Pfeffer und Muskat abschmecken, den Lauch zufügen und nochmals heiß werden lassen.

❖ Zubereitungszeit: 25 Minuten
❖ Pro Portion 335 kcal / 1407 kJ

Champignonsuppe

Ⓔ

500 g Champignons	3/8 l Gemüsebrühe
2 Schalotten	Salz
2 EL Butter	Pfeffer
1 EL Sojamehl	4 TL saure Sahne
1/2 l Vollmilch	4 EL gehackte Petersilie

1 Die Champignons putzen (nur bei Bedarf waschen) und in feine Scheibchen schneiden. Die Schalotten schälen und fein hacken. Die Butter in einem Topf schmelzen, die Schalotten darin leicht anbraten. Dann die Champignons zufügen und unter Rühren 5 Minuten dünsten.

2 Das Sojamehl darüber stäuben, Milch und Gemüsebrühe einrühren. Die Suppe zum Kochen bringen, dann bei schwacher Hitze 10 Minuten köcheln lassen.

3 Die Suppe mit Salz und Pfeffer abschmecken und auf vorgewärmte Teller verteilen. Je 1 TL saure Sahne in die Mitte setzen und die gehackte Petersilie darüber streuen.

❖ Zubereitungszeit: 35 Minuten
❖ Pro Portion
190 kcal / 798 kJ

Lammtopf mit Früchten   (E)

600 g Lammschulter	1 Msp. gem. Kreuzkümmel
3 EL Sojaöl	1 Msp. gem. Koriander
250 g Schalotten	¾ l Fleischbrühe (Instant)
2 EL Currypulver	500 g frische Ananas
Salz	1 Mango
Chilipulver	1 EL Pinienkerne
Pfeffer	2 EL gehackte Zitronenmelisse

1 Das Fleisch in 2 Zentimeter große Würfel schneiden. 2 EL Öl in einem weiten Topf erhitzen und das Fleisch darin rundum kräftig anbraten, herausnehmen und beiseite stellen.

2 Die Schalotten schälen und vierteln. Einen weiteren Esslöffel Öl in den Topf geben und die Schalotten darin anbraten. Das Fleisch wieder zufügen, mit Curry, Salz, Chili, Pfeffer, Kreuzkümmel und Koriander würzen. Die heiße Fleischbrühe angießen und 45 Minuten zugedeckt köcheln lassen.

3 Die Ananas schälen, vom Mittelstrunk befreien und klein schneiden. Die Mango schälen, halbieren, entsteinen und ebenfalls klein schneiden. Die Früchte unter den Lammtopf mischen und weitere 15 Minuten im offenen Topf die Flüssigkeit etwas einkochen lassen, nochmals abschmecken.

4 Die Pinienkerne in einer beschichteten Pfanne ohne Fettzugabe anrösten und vor dem Servieren zusammen mit der gehackten Zitronenmelisse über den Lammtopf streuen.

❖ **Zubereitungszeit: 75 Minuten**
❖ **Pro Portion 375 kcal/1575 kJ**

Peking-Suppe

400 g Tofu
3 getrocknete Tongupilze
   (eingeweicht)
100 g Chinakohlblätter
1 kleines Stück Lauch (ca. 50 g)
150 g Rinderhack
2 EL Sojamehl
1 Eigelb

1 Stück geriebene Ingwer-
   wurzel (ca. 1 cm)
Sojasauce
Salz
Pfeffer
1 l Gemüsebrühe
1/2 TL Honig
2 EL Reiswein

1 Den Tofublock der Länge nach vierteln, dann in 1 Zentimeter dicke Scheiben teilen. Die eingeweichten Tongupilze abtropfen lassen, die Stiele entfernen und die Hüte in sehr dünne Scheiben schneiden. Die Chinakohlblätter abbrausen, trocknen, längs halbieren, dann quer in dünne Streifen schneiden.
2 Den Lauch putzen, waschen und sehr fein hacken. Mit Rinderhack, Sojamehl und Eigelb mischen, mit Ingwer, Sojasauce, Salz und Pfeffer würzen. Gut verkneten und Bällchen formen.
3 In einem großen Topf die Gemüsebrühe zum Kochen bringen. Die Fleischbällchen und die Pilze hineingeben und etwa 10 Minuten ziehen lassen. Die Suppe mit etwas Sojasauce, Salz, Pfeffer und Honig würzen. Den Chinakohl zufügen. Weitere 10 Minuten köcheln lassen, dann die Suppe abschmecken.
4 Den Tofu und den Reiswein dazugeben. Die Suppe weitere 5 Minuten ziehen lassen, dann sehr heiß servieren.

❖ **Zubereitungszeit: 55 Minuten**
❖ **Pro Portion 235 kcal/987 kJ**

Rosenkohlsuppe mit Pumpernickel

1 Zwiebel

1 Knoblauchzehe

300 g Kartoffeln (mehlig kochend)

500 g Rosenkohl

3 EL Butter

800 ml Gemüsebrühe

100 g Sahne

Salz

Pfeffer

Muskat

2 Scheiben Pumpernickel

1 Zwiebel und Knoblauch schälen und fein hacken. Die Kartoffeln schälen und würfeln. Den Rosenkohl putzen, waschen und einige Köpfe beiseite legen. Die übrigen Köpfe vierteln.

2 2 EL Butter in einem Topf schmelzen, Zwiebeln und Knoblauch darin leicht anbraten. Die Kartoffelwürfel und Rosenkohlviertel zufügen und kurz mitbraten. Die Brühe angießen und die Suppe zugedeckt bei schwacher Hitze 20 Minuten köcheln lassen.

3 Den restlichen Rosenkohl halbieren, in kochendem Salzwasser 10 Minuten garen, kalt abschrecken und gut abtropfen lassen.

4 Die Suppe pürieren. Die Sahne einrühren, mit Salz, Pfeffer und Muskat abschmecken. Die gegarten Rosenkohlhälften zufügen und alles zusammen nochmals erwärmen.

5 Die Pumpernickel fein zerbröseln. Die restliche Butter schmelzen und die Brösel darin einmal aufschäumen lassen. Die Suppe auf vier Teller verteilen, die Brösel darüber streuen.

❖ **Zubereitungszeit: 50 Minuten**

❖ **Pro Portion 325 kcal / 1365 kJ**

Minestrone

2 Zwiebeln
2 Knoblauchzehen
2 Möhren
400 g Kartoffeln
1 kleine Zucchini
3 EL Olivenöl
1 ¼ l Gemüsebrühe

2 Lorbeerblätter
Salz
Pfeffer
50 g Vollkorn-Suppennudeln
2 EL gehackte Petersilie
4 EL ger. Pecorino

1 Zwiebeln und Knoblauch schälen und fein hacken. Die Möhren waschen und in dünne Stifte schneiden. Die Kartoffeln schälen und klein würfeln. Die Zucchini waschen und ebenfalls klein würfeln.

2 Das Öl in einem großen Topf erhitzen. Zwiebeln und Knoblauch darin andünsten, dann Kartoffeln und Möhren dazugeben und einige Minuten mitdünsten. Die Brühe angießen, Lorbeerblätter, Salz und Pfeffer zufügen. Die Suppe zugedeckt 15 Minuten köcheln lassen.

3 Die Zucchiniwürfel hineingeben und weitere 10 Minuten zugedeckt bei schwacher Hitze köcheln lassen. Inzwischen die Nudeln in kochendem Salzwasser bissfest garen, dann abgießen und abtropfen lassen.

4 Die Petersilie zusammen mit den Nudeln zur Suppe geben, kurz darin ziehen lassen, nochmals abschmecken. Mit Käse bestreuen und servieren.

❖ Zubereitungszeit: 1 Stunde
❖ Pro Portion 280 kcal / 1176 kJ

Topinambursuppe

(K)

200 g Kartoffeln	Pfeffer
200 g Topinambur	Gem. Kümmel
1 Bund Frühlingszwiebeln	1 Msp. Muskat
2 EL Butter	1 Msp. Ingwer
1 EL Vollkornmehl	100 g Sahne
800 ml Gemüsebrühe	4 EL gehackte Petersilie
Salz	

1 Kartoffeln und Topinambur schälen und klein würfeln. Die Frühlingszwiebeln putzen, waschen und in feine Ringe schneiden.

2 Die Butter in einem großen Topf schmelzen, das Gemüse darin einige Minuten anschwitzen. Das Mehl darüber stäuben, die Gemüsebrühe zufügen, mit Salz, Pfeffer, Kümmel, Muskat und Ingwer abschmecken. Die Suppe etwa 20 Minuten bei schwacher Hitze köcheln lassen, vom Herd nehmen und mit dem Handmixstab pürieren. Die Hälfte der Sahne einrühren, dann das Ganze noch mal erhitzen.

3 Die restliche Sahne leicht anschlagen und die Petersilie unterheben.

4 Zum Servieren die Suppe auf vier Teller verteilen, jeweils einen Klecks Petersilienrahm in die Mitte setzen und mit einer Gabel etwas durchziehen, so dass sich Suppe und Sahne locker verbinden.

❖ **Zubereitungszeit: 45 Minuten**
❖ **Pro Portion 210 kcal/882 kJ**

Kartoffel-Avocado-Suppe

500 g Kartoffeln (mehlig kochend)
1 l Gemüsebrühe
Salz
Pfeffer
Gem. Kümmel

2 EL gehackte Petersilie
1 EL Zitronensaft
½ TL abger. Zitronenschale
100 g Sahne
1 vollreife Avocado

1 Die Kartoffeln schälen und in kleine Stücke schneiden. Die Gemüsebrühe zum Kochen bringen. Salz, Pfeffer, Kümmel, Petersilie, Zitronensaft und -schale zufügen. Die Kartoffeln in der Gemüsebrühe etwa 20 Minuten sehr weich kochen. Die Suppe vom Herd nehmen und mit dem Handmixstab pürieren.
2 Die Sahne leicht anschlagen. Die Avocado halbieren, entsteinen, schälen und in dünne Spalten schneiden.
3 Die Suppe nochmals erhitzen (nicht kochen) und abschmecken. Die Sahne vorsichtig unterziehen, die Avocadospalten zufügen und 3 Minuten in der Suppe ziehen lassen. Sofort servieren.

❖ **Zubereitungszeit: 40 Minuten**
❖ **Pro Portion 315 kcal / 1323 kJ**

Radieschenrahmsuppe

2 Schalotten	100 g Doppelrahm-Frischkäse
2 Bund Radieschen	100 g saure Sahne
1 EL Butter	Salz
³/₄ l Gemüsebrühe	Pfeffer
2 EL Schnittlauchröllchen	Muskat

1 Die Schalotten schälen und hacken. Die Radieschen putzen und waschen. Vier schöne Radieschen beiseite legen, die übrigen in kleine Stücke schneiden.

2 Die Butter in einem Topf schmelzen. Die Schalotten darin leicht anbraten, dann die Radieschenstücke zufügen und kurz mitdünsten. Die Gemüsebrühe angießen und die Radieschen darin zugedeckt in etwa 20 Minuten bei schwacher Hitze weich kochen.

3 1 EL Schnittlauchröllchen zufügen, dann die Suppe vom Herd nehmen und mit dem Handmixstab grob pürieren. Den Frischkäse und die saure Sahne einrühren, mit Salz, Pfeffer und Muskat würzen.

4 Die Suppe nochmals erwärmen und abschmecken, auf vier vorgewärmte Teller verteilen.

5 Die zurückbehaltenen Radieschen fächerförmig aufschneiden, die einzelnen Portionen damit verzieren. Den restlichen Schnittlauch ebenfalls auf die vier Teller verteilen, und die Suppe sofort servieren.

❖ **Zubereitungszeit: 40 Minuten**
❖ **Pro Portion 150 kcal/630 kJ**

Frühlingssuppe mit Kräutern

2 Schalotten
2 EL Butter
1 l Gemüsebrühe
5 ML Biobin
100 g Crème fraîche
1 Bund Kerbel

1 Bund Petersilie
1 Kästchen Kresse
Salz
Pfeffer
Muskat

1 Die Schalotten schälen und sehr fein hacken. Die Butter schmelzen, und die gehackten Schalotten darin andünsten. Die Gemüsebrühe und das Biobin hinzufügen, gut durchrühren und zum Kochen bringen. Anschließend die Crème fraîche in die Suppe einrühren.

2 Kerbel und Petersilie kurz abbrausen, trockenschütteln, fein hacken und zur Suppe geben. Die Kresse abschneiden und ebenfalls untermischen. Mit Salz, Pfeffer und Muskat abschmecken, kurz ziehen lassen und dann auf vorgewärmte Teller verteilen.

❖ **Zubereitungszeit: 20 Minuten**
❖ **Pro Portion 175 kcal/735 kJ**

Hinweis

Biobin wird aus Johannisbrotkernmehl hergestellt. Sie erhalten das Naturprodukt in Reformhäusern. Biobin ist ein neutrales Bindemittel und wird mit dem beigefügten Messlöffel dosiert: Ein Messlöffel (ML) entspricht einem Gramm und reicht für eine Flüssigkeit von 100 bis 200 Millilitern.

Zucchinicremesuppe

500 g Zucchini	850 ml Gemüsebrühe
3 Schalotten	2 EL Crème fraîche
2 Knoblauchzehen	Salz
2 EL Butter	Pfeffer

1 Die Zucchini waschen, trocknen, putzen und in etwa 1 Zentimeter dicke Scheiben schneiden. Die Schalotten und den Knoblauch schälen und hacken.

2 Die Butter schmelzen, Zwiebeln und Knoblauch darin andünsten. Die Zucchini zufügen und kurz mitdünsten. Die Gemüsebrühe angießen. Die Suppe aufkochen und 15 Minuten köcheln lassen, bis die Zucchini weich sind.

3 Die Suppe pürieren, die Crème fraîche einrühren und alles mit Salz und Pfeffer abschmecken. Auf vorgewärmte Teller verteilen.

❖ **Zubereitungszeit: 25 Minuten**
❖ **Pro Portion 150 kcal/630 kJ**

Vorspeisen & Snacks

Gegrillte Hühnerbrüstchen

400 g Hühnerbrustfilet	1 TL gem. Ingwer
3 EL Zitronensaft	1 Prise Salz
1 EL Sojasauce	1 EL Paprikapulver (edelsüß)
1 EL Honig	4 EL Sojaöl

1 Das Filet in etwa ½ Zentimeter dicke und 2 Zentimeter lange Streifen schneiden. Zitronensaft, Sojasauce, Honig, Ingwer, Salz und Paprikapulver gut verrühren. Das Fleisch 1 Stunde in der Marinade ziehen lassen, ab und zu wenden.

2 Das Fleisch auf vier Holzspießchen stecken und mit dem Öl beträufeln. Die Spießchen in einer Alu-Grillschale unter dem Grill etwa 10 Minuten goldbraun braten. Einmal wenden, mit herabgetropftem Öl bestreichen.

❖ **Zubereitungszeit: 25 Minuten; Marinierzeit: 1 Stunde**
❖ **Pro Portion 240 kcal / 1008 kJ**

Krabbencocktail

250 g Nordseekrabben	1 TL Dijonsenf
100 g Rucola	Salz
2 Orangen	Pfeffer
4 EL Sonnenblumenöl	1 EL gehackter Dill

1 Die Krabben abbrausen und abtropfen lassen. Den Rucola waschen, die Blätter aufeinander legen und fest aufrollen, dann die Salatröllchen quer in feine Streifen schneiden. Eine Orange filetieren. Krabben, Rucola und Orangenfilets mischen.
2 Die zweite Orange auspressen. Den Saft mit Öl, Senf, Salz und Pfeffer verrühren und das Dressing vorsichtig mit dem Salat mischen. Mit Dill bestreut servieren.

❖ Zubereitungszeit: 15 Minuten
❖ Pro Portion 190 kcal / 798 kJ

Gazpacho

2 Fleischtomaten	1 Spritzer Tabasco
1 Salatgurke	Salz
1 Zwiebel	Pfeffer
4 Knoblauchzehen	Chilipulver
400 ml Tomatensaft	400 ml Hühnerbrühe (Instant)
4 EL Olivenöl	2 EL Schnittlauchröllchen
Saft von ½ Zitrone	

1 Die Tomaten überbrühen, häuten, den Stielansatz entfernen, das Fruchtfleisch würfeln. Die Gurke schälen und klein schneiden. Zwiebel und Knoblauch schälen und grob hacken.
2 Alle bisherigen Zutaten pürieren und pikant abschmecken. Gut gekühlt und mit Schnittlauch bestreut servieren.

❖ Zubereitungszeit: 15 Minuten
❖ Pro Portion 165 kcal / 693 kJ

Avocado-Grapefruit-Salat mit Lachs

2 rosa Grapefruits
60 g Feldsalat
125 g Räucherlachs in dünnen
  Scheiben
6 EL Walnussöl
2 EL Limettensaft

Salz
Pfeffer
2 TL Dijonsenf
2 Avocados
Dillzweige zum Verzieren

1 Die Grapefruits schälen und filetieren. Den Feldsalat verlesen, waschen und trockenschütteln. Den Lachs in schmale Streifen schneiden.

2 Aus Öl, Limettensaft, Salz, Pfeffer und Senf eine Marinade herstellen.

3 Die Avocados halbieren, entsteinen, schälen und in dünne Spalten schneiden. Mit den Grapefruits und dem Feldsalat auf Serviertellern anrichten, das Dressing darüber verteilen. Die Lachsstreifen leicht aufrollen, darauf legen, mit den Dillzweigen verzieren.

❖ Zubereitungszeit: 20 Minuten
❖ Pro Portion 570 kcal/2394 kJ

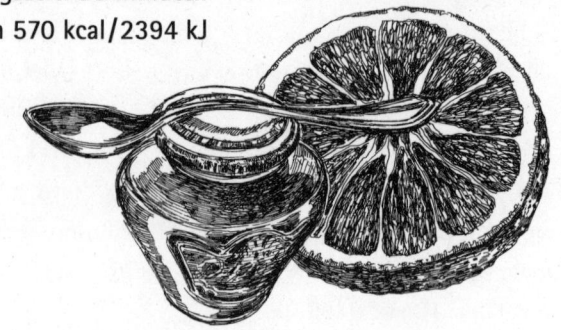

Lachsmousse

400 g frische Lachsfilets	Saft von ½ Limette
½ TL Salz	3 EL Sherry (trocken)
½ TL weißer Pfeffer	Cayennepfeffer
2 EL Butter	150 g Sahne
4 EL Sonnenblumenöl	Einige Dillzweige zum Verzieren

1 Die Lachsfilets abbrausen und trockentupfen, von beiden Seiten mit Salz und Pfeffer würzen. Die Butter in einer Pfanne schmelzen. Die Filets darin auf jeder Seite etwa 30 Sekunden braten, dann herausnehmen und in Aluminiumfolie gewickelt erkalten lassen. Dann eventuell vorhandene Gräten entfernen und die Filets in kleine Stücke schneiden.

2 Die Fischstücke mit Öl, Limettensaft, Sherry, etwas Salz und Cayennepfeffer mischen und im Mixer vorsichtig pürieren.

3 Die Sahne steif schlagen, unter die Fischmasse heben und diese in eine kalt ausgespülte Schale füllen. Im Kühlschrank zugedeckt mindestens 2 Stunden erkalten und fest werden lassen. Dann auf eine Platte stürzen, in Scheiben schneiden und mit dem Dill garnieren. Dazu etwas Gurkensalat reichen.

❖ **Zubereitungszeit: 20 Minuten; Kühlzeit: mindestens 2 Stunden**

❖ **Pro Portion 495 kcal/2079 kJ**

---Tipp---

Beim Pürieren der Fischfilets den Mixer immer nur einige Sekunden betätigen und dann kurz warten, damit er nicht zu heiß wird – die Mousse würde sonst gerinnen.

Blätterteigtaschen mit Spinatfüllung

1 kleine Zwiebel
1 EL Olivenöl
150 g Blattspinat (TK)
Pfeffer
Muskat

100 g Schafskäse (Feta)
150 g Blätterteig (TK)
1 Eigelb
2 EL Sahne

1 Die Zwiebel schälen und fein hacken. Das Öl erhitzen, die Zwiebel darin leicht anbraten. Den angetauten Spinat hinzufügen und einige Minuten mitdünsten, bis die Flüssigkeit verdampft ist. Mit Pfeffer und Muskat würzen. Den Schafskäse zerkrümeln, unter den Spinat mischen und die Masse etwas abkühlen lassen.

2 Den aufgetauten Blätterteig zu einem großen Rechteck ausrollen und in acht Quadrate teilen. Die Spinat-Käse-Masse darauf verteilen, die Ränder frei lassen. Die Teigquadrate so falten, dass Dreiecke entstehen, die Ränder leicht andrücken.

3 Das Eigelb mit der Sahne verquirlen, die Blätterteigtaschen damit bestreichen. Im vorgeheizten Backofen bei 200 °C (Gas Stufe 3–4) 15 bis 20 Minuten backen.

❖ **Zubereitungszeit: 50 bis 55 Minuten**
❖ **Pro Portion 285 kcal/1197 kJ**

___Hinweis___
Wenn Sie statt tiefgefrorenem Spinat frischen verwenden möchten, brauchen Sie etwa 400 Gramm frischen Blattspinat: Er muss nach dem Garen ganz weich, ausgedrückt und abgekühlt sein.

Schafskäse-Brot mit Oliven

4 Scheiben Grahambrot
125 g schwarze Oliven (ohne Stein)
200 g Schafskäse (Feta)

1 EL weiche Butter
2 EL gehackter Dill
4 Dillzweige zum Verzieren

1 Das Brot im Toaster leicht rösten. Zwei Oliven halbieren und beiseite legen. Die restlichen Oliven fein hacken.

2 Den Schafskäse mit der Gabel zerdrücken und mit den gehackten Oliven, der Butter und dem Dill verkneten.

3 Die Käsemasse auf die Brote streichen und mit je einer halben Olive und einem Dillzweig verzieren.

❖ **Zubereitungszeit: 10 Minuten**
❖ **Pro Portion 355 kcal / 1491 kJ**

Gemüsemuffins

Für 12 Stück

200 g Vollkornmehl	1 kleine Möhre (100 g)
2 TL Weinstein-Backpulver	100 g ger. Cheddar
1 TL Currypulver	2 EL Butter
Salz	1 Eigelb
Pfeffer	50 g Sahne
1 kleine Kartoffel (100 g; mehlig kochend)	100 ml Wasser
	1 EL Sonnenblumenöl

1 Das Mehl mit Backpulver, Curry, Salz und Pfeffer mischen und in eine Schüssel sieben.

2 Die Kartoffel und die Möhre schälen und grob reiben. Zusammen mit dem Käse zum Mehl geben und gut vermischen. In die Mitte eine Mulde drücken.

3 Die Butter zerlassen und etwas abkühlen lassen. Mit Eigelb, Sahne und Wasser verrühren und zur Gemüse-Mehl-Mischung in die Vertiefung geben. Den Teig mit einem Holzlöffel gut durchrühren.

4 Eine Muffin-Form mit Platz für zwölf Muffins mit dem Öl ausstreichen. Den Teig einfüllen. Die Muffins im vorgeheizten Backofen bei 180 °C (Gas Stufe 2–3) in etwa 25 Minuten goldbraun backen. Herausnehmen, in der Form lockern und einige Minuten ruhen lassen. Dann zum Abkühlen auf ein Kuchengitter stürzen.

❖ **Zubereitungszeit: 45 Minuten**

❖ **Pro Stück 140 kcal/588 kJ**

Champignonschnitten

1 Schalotte	1 EL Stärkemehl
1 Knoblauchzehe	50 g Sahne
2 EL Olivenöl	2 EL gehackte Petersilie
250 g Champignons	8 Scheiben Vollkorntoast
Salz	4 EL Butter
Pfeffer	50 g ger. Pecorino
2 cl Sherry (trocken)	

1 Die Schalotte und den Knoblauch schälen und fein hacken. Das Öl erhitzen und beides darin leicht anbraten. Die Champignons putzen, in Scheibchen schneiden, ebenfalls in die Pfanne geben und bei mittlerer Hitze etwa 5 Minuten unter Rühren braten. Salzen, pfeffern und mit dem Sherry ablöschen.
2 Das Stärkemehl mit der Sahne glatt rühren und zu den Champignons gießen. Die Masse bei mittlerer bis starker Hitze unter Rühren eindicken lassen. Die Petersilie untermischen, dann die Champignonmasse zum Abkühlen beiseite stellen.
3 Das Toastbrot entrinden und auf beiden Seiten mit Butter bestreichen. Jede Scheibe halbieren, auf ein mit Aluminiumfolie ausgelegtes Backblech legen, bei 180 °C (Gas Stufe 2–3) 5 bis 10 Minuten goldgelb braten. Herausnehmen, die Champignonmasse auf dem Brot verteilen und glatt streichen.
4 Jeweils mit Pecorino bestreuen und wieder auf das Blech legen. Bei 180 °C (Gas Stufe 2–3) 5 Minuten überbacken.
❖ **Zubereitungszeit: 40 bis 45 Minuten**
❖ **Pro Portion 430 kcal / 1806 kJ**

Canapés mit Kräutercreme

100 g Ricotta	2 EL Schnittlauchröllchen
50 g Quark (20%)	1 EL fein gehackte Walnusskerne
Salz	4 Scheiben Pumpernickel
Pfeffer	2 Feigen

1 Ricotta und Quark verrühren, mit Salz und Pfeffer abschmecken. Den Schnittlauch und die Nüsse unterheben.

2 Die Pumpernickel mit der Kräutercreme bestreichen, dann jeweils diagonal teilen, so dass pro Scheibe vier Dreiecke entstehen.

3 Die Feigen schälen, halbieren und in insgesamt 16 Spalten schneiden. Jedes Canapé mit einer Feigenspalte garnieren.

❖ Zubereitungszeit: 10 Minuten
❖ Pro Portion 150 kcal/630 kJ

Gegrillte Champignons

250 g kleine Champignonköpfe	Abger. Schale von ½ Zitrone
4 EL Olivenöl	1 EL gehackter Thymian
1 TL Chilipulver	1 Knoblauchzehe
1 Prise Salz	

1 Die Champignonköpfe putzen und nur bei Bedarf waschen. Mit der Hälfte des Öls bestreichen und unter dem vorgeheizten Grill weich garen (die Garzeit variiert je nach Art des Grills).

2 Das restliche Öl mit Chilipulver, Salz, Zitronenschale, Thymian und gepresstem Knoblauch gut verrühren.

3 Die gegrillten Champignons in die Marinade geben und 1 Stunde zugedeckt im Kühlschrank ziehen lassen.

❖ Zubereitungszeit: 15 Minuten; Marinierzeit: 1 Stunde

❖ Pro Portion 120 kcal / 504 kJ

Rohkost mit Frischkäsemousse

100 g Gorgonzola	Pfeffer
50 g Mascarpone	Muskat
100 g Quark (20 %)	100 g Sahne
3 EL fein gehackte Kräuter	1 Bund Radieschen
(Schnittlauch, Dill, Zitronen-	4 Tomaten
melisse, Kerbel)	150 g Salatgurke
	2 kleine Möhren

1 Den Gorgonzola mit der Gabel zerdrücken, mit Mascarpone und Quark gut verrühren. Die Kräuter untermischen, mit Pfeffer und Muskat abschmecken. Die Sahne steif schlagen und unterziehen. Die Mousse ca. 1 Stunde kühl stellen.

2 Das Gemüse gut waschen und trockentupfen. Radieschen, Tomaten und Gurke in Scheiben schneiden, die Möhren grob reiben, auf vier Salattellern anrichten. Mit einem Eisportionierer jeweils ein Frischkäsebällchen in die Mitte setzen.

❖ Zubereitungszeit: 20 Minuten; Kühlzeit: mindestens 1 Stunde

❖ Pro Portion 280 kcal / 1176 kJ

Hauptgerichte

Lammkoteletts auf Ratatouille ⓔ

Für die Koteletts
8 Lammkoteletts (à 60 g)
1 Knoblauchzehe
1 Zweig Rosmarin
2 EL Olivenöl
Für die Ratatouille
1 Aubergine (ca. 400 g)
Salz
1 kleine Zucchini

500 g Tomaten
2 Schalotten
1 Zweig Rosmarin
1 EL Olivenöl
1 Knoblauchzehe
100 ml Rotwein (trocken)
Salz
Pfeffer

1 Die Lammkoteletts waschen und trockentupfen. Den Knoblauch schälen und durch eine Presse drücken. Den Rosmarinzweig abbrausen, trockenschütteln, die Nadeln abzupfen und grob hacken. Knoblauch und Rosmarin mit 1 EL Öl verrühren und die Lammkoteletts auf beiden Seiten damit bepinseln. Zugedeckt ziehen lassen.
2 Die gewaschene Aubergine der Länge nach halbieren, in ½ Zentimeter dicke Scheiben schneiden, diese kräftig salzen und 30 Minuten ziehen lassen. Die Zucchini waschen und in dünne Scheiben schneiden. Die Tomaten kurz in kochendes Wasser tauchen, häuten und den Stielansatz entfernen. Das Fruchtfleisch würfeln. Die Schalotten schälen und fein hacken. Den Rosmarinzweig waschen, die Nadeln grob hacken.

3 Die Auberginenscheiben abwaschen und vorsichtig ausdrücken. Das Öl erhitzen. Die Schalotten darin leicht anbraten, den gepressten Knoblauch dazugeben. Auberginen, Zucchini und Rosmarin zu den Schalotten geben, salzen und pfeffern und einige Minuten köcheln lassen. Mit dem Rotwein ablöschen. Die Tomaten einrühren, alles noch einige Minuten schmoren lassen und mit Salz und Pfeffer abschmecken.

4 Das restliche Öl erhitzen und die Lammkoteletts darin 7 bis 8 Minuten auf beiden Seiten kräftig braten.

❖ Zubereitungszeit: 1 Stunde

❖ Pro Portion 1300 kcal / 5460 kJ

___Tipp___

Für Einsteiger in die Trennkost mag der Verzicht auf Beilagen wie Nudeln oder Reis zu Fleisch oder Fisch zunächst etwas ungewöhnlich sein. Damit die Umstellung nicht zu schwierig wird, empfehlen wir, alle Hauptgerichte, die nicht bereits im Rezept mit Gemüse kombiniert sind, mit in Brühe gedünstetem Gemüse nach Wahl zu servieren. Außerdem sollte grundsätzlich vor jeder Hauptmahlzeit ein großer Rohkostsalat auf den Tisch kommen.

Rindersteak mit Sherry-Sabayon

4 Rindersteaks (à 125 g)
Salz
Pfeffer
1 EL Pflanzenmargarine
4 Eigelb

2 TL Zitronensaft
⅛ l Hühnerbrühe (Instant)
1 EL Dijonsenf
4 EL Sherry (halbtrocken)
150 g Sahne

1 Die Rindersteaks auf beiden Seiten mit Salz und Pfeffer würzen. Die Margarine erhitzen, die Steaks darin bis zum gewünschten Gargrad 2 bis 5 Minuten pro Seite braten.

2 Für die Sherry-Sabayon Eigelb mit Salz, Pfeffer, Zitronensaft, Hühnerbrühe, Senf und Sherry in einer Schüssel verrühren und im heißen Wasserbad mit dem Schneebesen zu einer dicken Creme aufschlagen.

3 Die Schüssel in ein Gefäß mit Eiswasser stellen und rühren, bis die Masse kalt ist. Die Sahne halbsteif schlagen und kurz vor dem Servieren unterziehen. Die Sabayon mit den Steaks servieren.

❖ **Zubereitungszeit: 25 Minuten**
❖ **Pro Portion 405 kcal / 1701 kJ**

Hinweis

Verwenden Sie zum Braten nur hoch erhitzbare Öle, wie z. B. Oliven- oder Sojaöl, oder Pflanzenmargarine, die ausdrücklich mit dem Hinweis »zum Kochen und Braten« versehen ist. Butter darf nicht hoch erhitzt werden und ist daher ausschließlich für Gerichte geeignet, die kein starkes Anbraten erfordern.

Gebratene Ente »Acapulco«

1 küchenfertige Ente	Paprikapulver (edelsüß)
2 säuerliche Äpfel	200 ml Rotwein (halbtrocken)
1 Zwiebel	Salz
2 EL Butter	5 Spritzer Tabasco

1 Die Ente waschen und trockentupfen. Die Äpfel schälen, das Kerngehäuse entfernen und das Fruchtfleisch in Stücke schneiden. Die Zwiebel schälen und grob hacken. Die Ente mit Äpfeln und Zwiebeln füllen, die Öffnung mit einem Zahnstocher verschließen.

2 Die Ente mit Butter und Paprikapulver einreiben und mit der Brust nach unten in einen Bräter legen. Etwa 1 Zentimeter hoch Wasser angießen, im vorgeheizten Backofen bei 180 °C (Gas Stufe 2–3) etwa 1 Stunde braten. Nach der Hälfte der Garzeit die Ente wenden, damit auch die Brust knusprig braun wird. Bei Bedarf den Braten zwischendurch mit dem ausgetretenen Saft übergießen.

3 Den Rotwein mit 1 TL Paprikapulver, Salz und dem Tabasco mischen und über die Ente gießen. Weitere 15 bis 30 Minuten (je nach Größe der Ente) braten.

4 Die Ente herausnehmen und in vier Portionen teilen. Auf eine Servierplatte legen, die Füllung am Rand anrichten.

5 Die Sauce noch einmal abschmecken und getrennt zu dem Fleisch reichen.

❖ Zubereitungszeit: ca. 2 Stunden
❖ Pro Portion 695 kcal/2919 kJ

Asiatische Hühnerspießchen

(E)

750 g Hähnchenbrustfilet

1 Schalotte

2 Knoblauchzehen

1 Stück Ingwerwurzel (ca. 2 cm)

2 EL Zitronensaft

Pfeffer

2 TL gem. Koriander

2 TL gem. Kreuzkümmel

Je 1 Msp. Kardamom, Muskat
   und Zimt

100 g Vollmilchjogurt

$^1/_2$ TL Salz

Evtl. etwas Sesamöl

1 Das Fleisch in 2 Zentimeter große Würfel schneiden. Die Schalotte und den Knoblauch schälen und grob hacken. Den Ingwer reiben.

2 Schalotte, Knoblauch, Ingwer, Zitronensaft und die Gewürze im Mixer zu einer glatten Paste verarbeiten. Den Jogurt und das Salz untermischen.

3 Das Fleisch auf acht Holzspießchen stecken und in eine große Auflaufform legen. Die Gewürzpaste darauf verteilen. Die Spieße zugedeckt einige Stunden im Kühlschrank marinieren.

4 Die abgetropften Hühnerspießchen im vorgeheizten Grill oder in einer Pfanne mit etwas Sesamöl rundum knusprig braun braten.

❖ Zubereitungszeit: 35 bis 40 Minuten; Marinierzeit: einige Stunden

❖ **Pro Portion 215 kcal/903 kJ**

___Tipp___
Dazu passt Paprika-Zucchini-Gemüse aus dem Wok.

Putengeschnetzeltes mit Ananas

500 g Putenschnitzel
150 g Shiitake-Pilze
1 Stück Ingwerwurzel (2 cm)
8 EL Sojasauce
2 EL Zitronensaft
Salz

Pfeffer
Chilipulver
1/2 Ananas
2 EL Sojaöl
300 g Mungobohnensprossen
1 Bund Schnittlauch

1 Das Putenfleisch und die Pilze waschen und trockentupfen. Das Fleisch in 1 Zentimeter breite Streifen schneiden. Große Pilze halbieren. Den Ingwer sehr fein würfeln und mit 4 EL Sojasauce, Zitronensaft, Salz, Pfeffer und etwas Chilipulver verrühren. Das Fleisch und die Pilze mit der Marinade übergießen und 1 Stunde im Kühlschrank ziehen lassen.

2 Die Ananas schälen, in fingerdicke Scheiben schneiden und den Mittelstrunk entfernen. Die Scheiben in Stückchen teilen.

3 Das Öl in einer großen Pfanne erhitzen. Das abgetropfte Putenfleisch und die Pilze darin auf allen Seiten anbraten, dann die Ananasstücke zufügen. Die Sprossen waschen und abtropfen lassen. In die Pfanne geben und unter ständigem Rühren einige Minuten schmoren.

4 Das Putengeschnetzelte nochmals mit Salz, Pfeffer und der restlichen Sojasauce abschmecken. Den Schnittlauch waschen, trockenschütteln und fein hacken. Vor dem Servieren unter das Gericht mischen.

❖ **Zubereitungszeit: 30 Minuten; Marinierzeit: 1 Stunde**
❖ **Pro Portion 300 kcal/1260 kJ**

Scholle im Gemüsebett

750 g Schollenfilet	1 EL Sojamehl
2 EL Limettensaft	100 ml Fischfond (aus dem Glas)
1 TL Olivenöl	¼ l Vollmilch
½ Bund Frühlingszwiebeln	50 g Crème fraîche
2 Stangen Lauch	2 EL Senf (mittelscharf)
2 Möhren	Salz
300 g Tomaten	Pfeffer
1 EL Pflanzenmargarine	2 EL gehackte Petersilie

1 Das Fischfilet abbrausen, trockentupfen und mit Limettensaft beträufeln. Eine feuerfeste Form mit Öl ausstreichen.

2 Frühlingszwiebeln, Lauch und Möhren putzen, waschen und in dünne Ringe bzw. Scheiben schneiden. Die Tomaten kurz in kochendes Wasser tauchen, häuten und den Stielansatz entfernen. Das Fruchtfleisch entkernen und achteln.

3 Die Margarine erhitzen, Frühlingszwiebeln, Lauch und Möhren darin 5 Minuten dünsten. Zusammen mit den Tomaten in die Auflaufform geben. Die Schollenfilets auf dem Gemüse verteilen.

4 Das Sojamehl mit dem Fischfond glatt rühren. Milch, Crème fraîche und Senf untermischen. Die Sauce mit Salz, Pfeffer und Petersilie abschmecken und über den Fisch und das Gemüse gießen. Im vorgeheizten Backofen bei 225 °C (Gas Stufe 4–5) ca. 20 Minuten überbacken.

❖ **Zubereitungszeit: 50 Minuten**
❖ **Pro Portion 350 kcal / 1470 kJ**

Pochierter Rotbarsch auf Mangold

800 g Rotbarschfilet	Salz
1/8 l Weißwein (trocken)	Pfeffer
1 Lorbeerblatt	Muskat
750 g Mangold	Butter für die Form
1 Zwiebel	Saft von 1/2 Zitrone
2 EL Sonnenblumenöl	100 g ger. Gouda (mittelalt)

1 Die Rotbarschfilets abbrausen und trockentupfen. Den Wein zusammen mit dem Lorbeerblatt aufkochen, die Fischfilets darin zugedeckt bei schwacher Hitze 15 Minuten garen. Den Fisch herausnehmen, den Fischsud aufbewahren.

2 Den Mangold verlesen und waschen. Die Zwiebel schälen und fein hacken. Das Öl erhitzen und die Zwiebeln darin glasig dünsten. Den tropfnassen Mangold zufügen, mit Salz, Pfeffer und Muskat würzen und zugedeckt bei schwacher Hitze 10 Minuten dünsten. Dann den Mangold in einem Sieb abtropfen lassen und den Saft auffangen.

3 Eine Auflaufform mit Butter ausstreichen. Den Mangold darin verteilen, die Rotbarschfilets darauf legen.

4 Den Mangold- und Zitronensaft zum Fischsud gießen und bei starker Hitze um die Hälfte einkochen lassen. Die Flüssigkeit über die Fischfilets gießen, den Käse darüber streuen.

5 Den Fisch im vorgeheizten Backofen bei 220 °C (Gas Stufe 4–5) etwa 15 Minuten überbacken.

❖ **Zubereitungszeit: 55 Minuten**
❖ **Pro Portion 405 kcal / 1701 kJ**

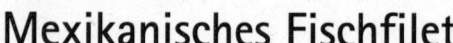

Mexikanisches Fischfilet

1 ½ kg Fischfilet (z. B. Scholle, Rotbarsch)
Salz
Pfeffer
Saft von 1 Limette
1 TL Butter
2 Schalotten

1 rote Paprikaschote
2 EL Olivenöl
2 EL Kürbiskerne
1 TL gem. Koriander
1 EL gehackter Dill
Saft von 1 Orange

1 Die Fischfilets abbrausen, trockentupfen und eventuell anhaftende Gräten entfernen. Die Filets rundum salzen, pfeffern und mit Limettensaft beträufeln. Eine Auflaufform mit Butter ausstreichen und die Fischfilets hineinlegen.

2 Die Schalotten schälen und fein hacken. Die Paprikaschote waschen, halbieren und putzen, das Fruchtfleisch in kleine Würfel schneiden. Das Öl erhitzen und das Gemüse darin leicht anbraten. Kürbiskerne, Koriander und Dill einrühren, dann die Masse über die Fischfilets geben. Den Orangensaft darüber gießen.

3 Den Fisch im vorgeheizten Backofen bei 200 °C (Gas Stufe 3–4) etwa 40 Minuten backen.

❖ **Zubereitungszeit: 1 Stunde**
❖ **Pro Portion 505 kcal / 2121 kJ**

___Hinweis___

Für dieses Gericht sollten Sie einen Fisch mit festem weißen Fleisch verwenden: Scholle, Rotbarsch, Seelachs, Kabeljau, Dorsch oder Seehecht.

Lachsspießchen vom Grill

600 g Lachsfilet
100 ml Weißwein (trocken)
2 EL Zitronensaft
2 EL Sojasauce
Salz

Pfeffer
1 kleine Zucchini (ca.150 g)
100 g kleine braune Champignons
100 g Knoblauchbutter

1 Den Lachs abbrausen, trockentupfen und in mundgerechte Stücke schneiden. Eventuell vorhandene Gräten entfernen. Den Wein mit Zitronensaft, Sojasauce, Salz und Pfeffer mischen und die Lachsstücke darin 1 Stunde marinieren.

2 Inzwischen die Zucchini gründlich waschen, putzen und in ½ Zentimeter dicke Scheiben schneiden. Die Champignons putzen und nur bei Bedarf waschen. Große Köpfe halbieren.

3 Den Lachs aus der Marinade heben und trockentupfen. Lachsstücke, Zucchinischeiben und Champignons abwechselnd auf acht Holzspießchen stecken. Die Spieße leicht mit Salz und Pfeffer bestreuen. Die Knoblauchbutter auf ein mit Aluminiumfolie ausgelegtes Blech geben und unter dem Grill langsam schmelzen.

4 Die Lachsspießchen auf die Knoblauchbutter legen und etwa 10 Minuten grillen, dabei ab und zu wenden.

❖ **Zubereitungszeit: 35 Minuten; Marinierzeit: 1 Stunde**
❖ **Pro Portion 525 kcal/2205 kJ**

___Tipp___
Zu den Lachsspießchen vom Grill schmecken Grilltomaten lecker.

Zanderfilets in Kräuterhülle

4 Zanderfilets (à 200 g)
4 EL Olivenöl
4 EL Zitronensaft
4 EL gemischte gehackte Kräuter
   (Rosmarin, Zitronenmelisse,
   Petersilie)

Salz
Pfeffer
1 unbehandelte Zitrone

1 Die Zanderfilets abbrausen und trockentupfen. Das Öl mit Zitronensaft, Kräutern, Salz und Pfeffer verrühren. Die Fischfilets damit bestreichen und 15 Minuten ziehen lassen.

2 Die Fischfilets im Grill auf jeder Seite 5 bis 7 Minuten grillen. Die Zitrone in Scheiben schneiden, den Fisch damit verzieren.

❖ **Zubereitungszeit: 15 bis 20 Minuten; Marinierzeit: 15 Minuten**
❖ **Pro Portion 285 kcal / 1197 kJ**

___Tipp___
Zu den Zanderfilets schmecken neben gemischtem Salat auch Grilltomaten und Zucchinigemüse oder gebratene Champignons mit Jogurtsauce sehr lecker.

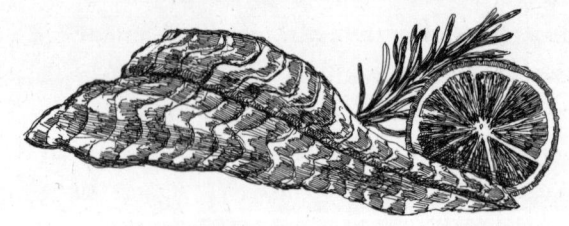

Fisch-Schaschlik mit Tofu

800 g Rotbarschfilet
400 g Tofu
3 EL Sesamöl
2 EL Sherry (trocken)
3 EL Weißwein (trocken)
1 TL Honig
2 EL Sojasauce
Saft von 1/2 Limette

2 EL fein gehackter Rosmarin
100 g Nordseekrabben
200 g Kirschtomaten
1 gelbe Paprikaschote
2 Zwiebeln
1 unbehandelte Limette
Salz
Pfeffer

1 Das Fischfilet abbrausen und trockentupfen. Fisch und Tofu in mundgerechte Stücke schneiden. Das Öl mit Sherry, Weißwein, Honig, Sojasauce, Limettensaft und Rosmarin verrühren. Die Fisch- und Tofustücke darin 10 Minuten marinieren.

2 Die Krabben und die Kirschtomaten abbrausen. Die Paprikaschote waschen, putzen und in mundgerechte Stücke schneiden. Die Zwiebeln schälen und in Ringe schneiden. Die Limette waschen und in dünne Scheiben schneiden.

3 Die Fisch- und Tofustücke aus der Marinade nehmen und abtropfen lassen; nun das Gemüse und die Krabben 10 Minuten in der Marinade ziehen lassen.

4 Alle Zutaten abwechselnd auf acht Holzspieße stecken, leicht mit Salz und Pfeffer bestreuen. Die Spieße im vorgeheizten Grill etwa 10 Minuten grillen, dabei ab und zu mit etwas Marinade bestreichen. Die Spieße einmal wenden.

❖ **Zubereitungszeit: 40 Minuten; Marinierzeit: 20 Minuten**
❖ **Pro Portion 445 kcal / 1869 kJ**

Nordische Fischpfanne

(E)

200 g Heilbuttfilet

200 g Schollenfilet

200 g Lachsfilet

100 g Krabben (frisch oder TK)

Saft von ½ Zitrone

1 Spritzer Worcestersauce

Salz

Pfeffer

2 Schalotten

200 g braune Champignons

1 EL Pflanzenmargarine

150 ml Weißwein (trocken)

125 g Sahne

1 EL gehackter Dill

1 EL gehackte Petersilie

1 Fischfilets und Krabben abbrausen und trockentupfen bzw. abtropfen lassen. Die Fischfilets in Stücke schneiden. Zitronensaft, Worcestersauce, Salz und Pfeffer verrühren und über den Fisch und die Krabben träufeln.

2 Die Schalotten schälen und fein hacken, die Champignons putzen (nur bei Bedarf waschen) und in feine Scheibchen schneiden. Die Margarine in einer großen Pfanne zerlassen, Schalotten und Champignons darin kurz andünsten. Die Fischstücke darauf legen, den Wein angießen und den Fisch zugedeckt bei schwacher Hitze 5 Minuten garen.

3 Die Krabben zufügen, die Sahne unterrühren und die Flüssigkeit in weiteren 10 Minuten etwas einkochen lassen. Die Fischpfanne nochmals mit Salz, Pfeffer und Worcestersauce abschmecken. Kurz vor Ende der Garzeit Dill und Petersilie untermischen.

❖ **Zubereitungszeit: 35 Minuten**

❖ **Pro Portion 375 kcal/1575 kJ**

Zucchini-Lauch-Omelett

750 g Lauch

2 EL Olivenöl

500 g Zucchini

1 Knoblauchzehe

5 Eier

50 g ger. Edamer

4 EL Parmesan

Salz

Pfeffer

Muskat

1 EL Butter

1 Den Lauch putzen, dabei die harten grünen Blätter entfernen. Die Stangen der Länge nach halbieren und gründlich waschen. In feine Halbringe schneiden. Das Öl in einer großen Pfanne erhitzen, den Lauch unter Rühren bei schwacher Hitze anbraten, dann zugedeckt etwa 10 Minuten dünsten.

2 Inzwischen die Zucchini waschen, putzen, in ½ Zentimeter dicke Scheiben schneiden, diese nochmals quer in Stifte teilen. Zucchini und gepressten Knoblauch zum Lauch geben, weitere 10 Minuten dünsten.

3 Das Gemüse in eine Schüssel geben und etwas abkühlen lassen. Die Eier leicht verquirlen und zusammen mit dem Edamer und dem Parmesan mit dem Gemüse mischen. Die Masse mit Salz, Pfeffer und Muskat kräftig würzen.

4 Die Butter in derselben Pfanne schmelzen. Die Gemüse-Eier-Masse hineingießen und die Oberfläche glatt streichen. Das Omelett bei schwacher Hitze etwa 20 Minuten stocken lassen, dann im Grill 2 Minuten überbacken.

❖ **Zubereitungszeit: 55 Minuten**

❖ **Pro Portion 335 kcal / 1407 kJ**

Tofu-Spieße mit Ananas Ⓔ

400 g Tofu
200 g Kirschtomaten
100 g kleine Champignonköpfe
1 Zucchini (ca. 250 g)
2 gelbe Paprikaschoten
200 g frische Ananas
2 EL Olivenöl

3 EL Sojasauce
2 EL Ananassaft
1 EL Zitronensaft
1 EL gehackte Minze
Salz
Pfeffer

1 Den Tofu in etwa 2 Zentimeter große Würfel schneiden. Die Kirschtomaten waschen. Die Champignonköpfe putzen und nur bei Bedarf waschen. Die Zucchini waschen, putzen, in ½ Zentimeter dicke Scheiben schneiden. Die Paprikaschoten waschen, putzen und in Stücke schneiden. Die Ananas schälen, in fingerdicke Scheiben schneiden und den harten Mittelstrunk entfernen. Die Scheiben in nicht zu kleine Stücke teilen.

2 Den Tofu, das Gemüse und die Ananas abwechselnd auf acht Metall- oder Holzspieße stecken.

3 Das Öl mit Sojasauce, Ananas- und Zitronensaft verrühren. Die Minze untermischen. Die Spieße rundum mit der Marinade bestreichen und 15 Minuten ziehen lassen.

4 Die Spieße abtropfen lassen, die heruntergetropfte Marinade auffangen. Die Spieße leicht salzen und pfeffern und im vorgeheizten Grill braten, bis das Gemüse weich ist. Dabei ab und zu mit der Marinade bestreichen.

❖ **Zubereitungszeit: 45 Minuten; Marinierzeit: 15 Minuten**
❖ **Pro Portion 215 kcal/903 kJ**

China-Omelett »Fünf Farben«

5 Strohpilze	8 Eier
2 Tomaten	½ TL Salz
1 Bund Frühlingszwiebeln	½ TL Honig
150 g Bambussprossen	1 TL Sojasauce
(aus der Dose)	2 EL Sojaöl

1 Die Strohpilze 20 Minuten in lauwarmem Wasser einweichen. Dann die Stiele entfernen und die Hüte in dünne Scheiben schneiden. Die Tomaten überbrühen, häuten und ohne Stielansatz würfeln. Die Frühlingszwiebeln putzen und waschen; das Grün in etwa 4 Zentimeter lange Stücke zerteilen (die weißen Knollen anderweitig verwenden). Die abgetropften Bambussprossen in schmale Streifen schneiden.

2 Die Eier in einer Schüssel verquirlen. Salz, Honig und Sojasauce zufügen und die Eier kurz, aber kräftig durchschlagen. Dabei die Masse immer wieder hochziehen, damit möglichst viel Luft untergeschlagen wird. Tomaten, Frühlingszwiebeln, Bambussprossen und Pilze unterrühren.

3 In zwei Pfannen je 1 EL Öl erhitzen und jeweils die Hälfte der Eiermasse hineingießen. Die Omeletts bei schwacher Hitze in 5 bis 7 Minuten stocken lassen, dabei gelegentlich die Pfannen kippen und die Omeletts auf einer Seite etwas anheben, damit flüssige Eimasse auf den Pfannenboden gelangt. Die fertigen Omeletts halbieren und servieren.

❖ **Zubereitungszeit: 35 bis 40 Minuten**
❖ **Pro Portion 250 kcal / 1050 kJ**

Kräuteromelett

8 Eier
1/8 l Vollmilch
2 EL saure Sahne
Salz

Pfeffer
3 EL gehackte Kräuter (z. B. Petersilie, Basilikum, Minze)
2 EL Butter

1 Eier, Milch, saure Sahne, Salz und Pfeffer mit dem Schnee-besen 3 Minuten gut durchschlagen, dann die Kräuter darunter mischen.

2 Die Butter auf zwei große Pfannen verteilen und schmelzen, jeweils die Hälfte der Eiermasse hineingießen und mit einem Holzlöffel durchrühren.

3 Die Omeletts bei schwacher Hitze in 5 bis 7 Minuten sto-cken lassen, dabei gelegentlich die Pfannen kippen und die Omeletts auf einer Seite etwas anheben, damit flüssige Eimas-se auf den Pfannenboden gelangt. Die fertigen Omeletts hal-bieren und auf vorgewärmte Teller geben.

❖ Zubereitungszeit: 20 Minuten
❖ Pro Portion 255 kcal / 1071 kJ

Möhren–Reis–Puffer mit Meerrettichdip

Für den Puffer

400 g Naturreis

4 Eigelb

75 g Vollmilchjogurt

75 g Vollkornmehl

2 kleine Möhren

Salz

Pfeffer

Für den Dip

150 g Vollmilchjogurt

50 g saure Sahne

2 TL ger. Meerrettich

Salz

Weißer Pfeffer

2 EL gehackter Dill

Außerdem

2 EL Olivenöl

1 Den Reis in 1 l Wasser in etwa 25 Minuten weich garen. Eigelb, Jogurt und Mehl verrühren. Die Möhren waschen, schälen und fein reiben, dann mit dem gekochten Reis und der Eiermasse mischen. Mit Salz und Pfeffer würzen.

2 Für den Dip Jogurt, saure Sahne und Meerrettich verrühren. Mit Salz und Pfeffer abschmecken. Den Dill untermischen. Kühl stellen.

3 In zwei Pfannen je 1 EL Öl erhitzen, die Puffermasse darin gut verteilen und flach drücken. Die Puffer auf beiden Seiten bei schwacher Hitze je 10 Minuten goldbraun braten (mit Hilfe von zwei Tellern wenden). Die fertigen Puffer halbieren, auf vier vorgewärmte Teller geben und den Meerrettichdip dazu reichen.

❖ Zubereitungszeit: 45 Minuten

❖ Pro Portion 350 kcal / 1470 kJ

Polentaschnitten mit Salsa Ranchera

Für die Polentaschnitten
350 ml Gemüsebrühe
¼ l Wasser
150 g Polenta (Maismehl)
50 g ger. Pecorino
3 EL Olivenöl
Für die Salsa
2 rote Paprikaschoten
2 rote Chilis
2 Knoblauchzehen
1 Zwiebel
250 g Tomaten
1 EL Erdnussöl
Salz
1 EL gehacktes frisches
    Koriandergrün

1 Die Gemüsebrühe und das Wasser in einem Topf zum Kochen bringen. Das Maismehl einstreuen und unter ständigem Rühren zu einem dicken Brei einkochen. Vom Herd nehmen und den Pecorino einrühren.

2 Eine rechteckige Auflaufform mit 1 EL Öl ausstreichen. Die Polenta zugeben, glatt streichen und 2 Stunden kalt stellen.

3 Inzwischen für die Salsa die Paprikaschoten waschen, halbieren, putzen, das Fruchtfleisch in feine Streifen schneiden. Die Chilis halbieren, die Kerne entfernen, das Fruchtfleisch zerkleinern. Den Knoblauch schälen und durch eine Presse drücken. Die Zwiebel schälen und fein hacken.

4 Paprika, Chilis, Knoblauch und Zwiebeln in einem Topf mit wenig Wasser bedeckt einige Minuten köcheln lassen, bis das Gemüse weich ist. Dann in eine Schüssel füllen und auskühlen lassen.

5 Die Tomaten kurz in kochendes Wasser tauchen, häuten und vierteln. Den Stielansatz und die Kerne entfernen. Das

Fruchtfleisch zum Gemüse in die Schüssel geben und alles mit dem Handmixstab nicht zu fein pürieren – die Salsa soll dickflüssig sein. Das Erdnussöl untermischen, die Salsa mit Salz abschmecken.

6 Die Polenta in acht Stücke teilen, aus der Form heben und mit 1 EL Öl bestreichen. Unter dem vorgeheizten Grill 5 Minuten bräunen. Dann wenden, mit dem restlichen Öl bestreichen und weitere 5 Minuten bräunen.

7 Die gegrillten Polentaschnitten mit der Salsa begießen und mit dem Koriandergrün bestreuen.

❖ Zubereitungszeit: 1 Stunde; Kühlzeit: 2 Stunden
❖ Pro Portion 315 kcal / 1323 kJ

Tagliatelle mit Ricotta-Nuss-Sauce

400 g Vollkorn-Tagliatelle	50 g Mascarpone
50 g Walnüsse	Salz
50 g Pinienkerne	Pfeffer
2 EL Butter	4 EL gehackte Kräuter (z.B. Petersilie,
100 g Ricotta	Zitronenmelisse, Basilikum)

1 Die Nudeln nach Packungsvorschrift bissfest kochen.
2 Inzwischen die Nüsse grob hacken. Die Butter in einer Pfanne schmelzen, die Nüsse darin 5 Minuten goldbraun rösten. Ricotta und Mascarpone hinzufügen, mit Salz und Pfeffer kräftig würzen. Die Sauce unter Rühren erhitzen, dann die Kräuter unterziehen.

3 Die Nudeln abgießen und mit der Ricotta-Nuss-Sauce vermischen. Sehr heiß servieren.

❖ Zubereitungszeit: 20 Minuten
❖ Pro Portion 640 kcal / 2688 kJ

Curryreis mit Rahmzucchini

1 Zwiebel	Salz
1 Knoblauchzehe	Pfeffer
1 mürber Apfel	600 g Zucchini
4 EL Olivenöl	1 EL Vollkornmehl
1 EL Butter	100 g Sahne
1 TL Currypulver	100 g Crème fraîche
200 g Naturreis	2 EL gehackte Petersilie
Ca. 400 ml Gemüsebrühe	1 Eigelb

1 Zwiebel und Knoblauch schälen und fein hacken. Den Apfel schälen, vierteln und das Kerngehäuse entfernen. Das Fruchtfleisch klein würfeln.

2 In einer Pfanne 2 EL Öl erhitzen, die Butter darin schmelzen. Die Zwiebel darin glasig dünsten, dann den Knoblauch, die Apfelstückchen und das Currypulver zufügen und 2 Minuten mitdünsten.

3 Den Reis zufügen, kurz durchrühren, dann mit der Gemüsebrühe ablöschen. Mit Salz und Pfeffer würzen. Den Reis bei schwacher Hitze zugedeckt etwa 30 bis 35 Minuten ausquellen lassen. Bei Bedarf noch etwas Brühe angießen.

4 Inzwischen die Zucchini waschen, putzen und in dünne Scheiben schneiden. Das restliche Öl in einer zweiten Pfanne erhitzen und die Zucchinischeiben darin auf beiden Seiten anbraten. Das Mehl darüber stäuben, die Sahne zugießen und gut unterrühren. Das Gemüse einige Minuten köcheln lassen. Die Crème fraîche einrühren, salzen, pfeffern und die Petersilie untermischen. Vom Herd nehmen und mit dem Eigelb binden.

5 Den Curryreis auf vorgewärmte Teller verteilen, in die Mitte eine Vertiefung drücken und das Zucchinigemüse einfüllen. Sofort servieren.

❖ **Zubereitungszeit: 50 Minuten**
❖ **Pro Portion 560 kcal/2352 kJ**

Blumenkohl-Reis-Auflauf

³/₄ l Gemüsebrühe	1 EL Vollkornmehl
250 g Naturreis	125 g Sahne
1 Blumenkohl (ca. 800 g)	Pfeffer
Salz	Muskat
2 Zwiebeln	1 Eigelb
2 EL Sonnenblumenöl	50 g ger. Greyerzer
2 EL Butter	2 EL gehackte Petersilie

1 In einem Topf ½ Liter Gemüsebrühe zum Kochen bringen. Den Reis einstreuen und bei schwacher Hitze zugedeckt etwa 30 Minuten ausquellen lassen. Bei Bedarf noch etwas Brühe angießen.

2 Inzwischen den Blumenkohl putzen, in kleine Röschen zerteilen und diese in kochendem Salzwasser 7 bis 8 Minuten bissfest garen. Abgießen und abtropfen lassen.

3 Die Zwiebeln schälen und fein hacken. Das Öl in einer Pfanne erhitzen, die Zwiebeln darin bei mittlerer Hitze unter Rühren glasig dünsten.

4 In einem kleinen Topf die Hälfte der Butter schmelzen, das Mehl einrühren und anschwitzen. Mit der restlichen (¼ l) Gemüsebrühe ablöschen und die Sahne einrühren. Mit Salz, Pfeffer und Muskat kräftig würzen. Die Sauce unter Rühren einige Minuten köcheln lassen, dann vom Herd nehmen und mit dem Eigelb binden.

5 Eine Auflaufform mit der restlichen Butter ausstreichen. Reis, Blumenkohl und Zwiebeln mischen und hineinfüllen. Die Sauce darüber gießen und das Ganze gleichmäßig mit dem Käse bestreuen.

6 Den Auflauf im vorgeheizten Backofen bei 220 °C (Gas Stufe 4–5) etwa 25 Minuten überbacken. Mit der Petersilie bestreut servieren.

❖ Zubereitungszeit: 1 Stunde
❖ Pro Portion 550 kcal/2310 kJ

___Tipp___

Greyerzer (45% Fett i. Tr.) kann auch durch Pecorino (45% Fett i. Tr.) ersetzt werden, beide Käsesorten haben einen Fettgehalt von mindestens 45 Prozent und gehören deshalb zur neutralen Gruppe. Parmesan (32% Fett i. Tr.) ist keine Alternative, denn aufgrund seines geringeren Fettgehaltes gehört er zur Eiweißgruppe.

Lasagne verde

Für die Füllung
400 g Spinat (TK)
200 g Champignons
1 Zwiebel
2 Knoblauchzehen
1 EL Olivenöl
100 g Sahne
Salz
Pfeffer

Für die Béchamelsauce
2 EL Butter
2 EL Vollkornmehl
350 g Dickmilch
Salz
Weißer Pfeffer
1 Msp. Muskat
Außerdem
225 g Lasagne-Nudeln (Vollkorn)
50 g ger. Greyerzer

1 Den Spinat auftauen lassen. Die Champignons putzen und in dünne Scheibchen schneiden. Die Zwiebel und den Knoblauch schälen und fein hacken. Das Öl in einem Topf erhitzen, Zwiebeln und Knoblauch darin bei mittlerer Hitze unter Rühren leicht anbraten. Den Spinat und die Champignons zufügen und 5 Minuten dünsten. Dann die Sahne unterrühren und das Gemüse weitere 5 Minuten köcheln lassen. Mit Salz und Pfeffer würzen.
2 Für die Béchamelsauce die Butter schmelzen. Das Mehl einrühren und leicht bräunen. Die Dickmilch angießen und mit Salz, Pfeffer und Muskat würzen. Die Sauce unter Rühren einmal aufkochen lassen, dann vom Herd nehmen.
3 Die Lasagne in eine Auflaufform schichten: Etwas Spinat-Pilz-Mischung auf dem Boden verteilen, darüber etwas Béchamelsauce geben und eine Lage Nudelplatten darauf legen. Wie-

der etwas Gemüse und Béchamelsauce darauf verteilen, mit einer Nudelschicht bedecken, und so fortfahren, bis die Gemüsemasse aufgebraucht ist. Den Abschluss sollte eine Nudelschicht bilden, die dick mit Béchamelsauce bedeckt wird. Darüber den Käse streuen.

4 Die Spinatlasagne im vorgeheizten Backofen bei 200 °C (Gas Stufe 3–4) auf der Mittelschiene 40 bis 45 Minuten überbacken. Der Käse darf nicht zu braun werden. Bei Bedarf die Lasagne rechtzeitig mit Aluminiumfolie abdecken. Sofort servieren.

❖ **Zubereitungszeit: 75 Minuten**
❖ **Pro Portion 480 kcal / 2016 kJ**

Gemüsebratlinge mit Morchelsauce

Für die Bratlinge	Für die Sauce
2 Möhren	50 g getrocknete Spitzmorcheln
200 g Knollensellerie	1/4 l warmes Wasser
300 g Kartoffeln	200 g braune Champignons
4 EL Vollkornmehl	1 Schalotte
2 Eigelb	1 EL Butter
2 EL saure Sahne	2 gestr. EL Vollkornmehl
Salz	200 g Sahne
Pfeffer	Salz
Muskat	Pfeffer
Je 1/2 Bund Petersilie und Dill	2 EL gehackte Petersilie
2 EL Olivenöl	

1 Das Gemüse für die Bratlinge gründlich waschen und schälen. Alles auf einer Rohkostreibe grob reiben und mit dem Mehl, dem Eigelb, der sauren Sahne, Salz, Pfeffer und Muskat vermischen. Die Kräuter abbrausen, trockenschütteln, fein hacken und unterrühren.

2 Das Öl in einer großen Pfanne erhitzen. Jeweils 2 EL von der Gemüsemasse entnehmen, ins heiße Fett geben und zu Puffern flach drücken. Die Bratlinge bei schwacher bis mittlerer Hitze auf beiden Seiten goldbraun braten.

3 In der Zwischenzeit die Morcheln waschen und im warmen Wasser einweichen. Die Champignons putzen (nur bei Bedarf waschen) und in feine Scheibchen schneiden. Die Schalotte schälen und fein hacken. Die Butter schmelzen. Die Schalotte im heißen Fett anschwitzen. Champignons und abgetropfte Morcheln zufügen und einige Minuten dünsten. Das Mehl darüber stäuben, die Sahne einrühren und mit Salz und Pfeffer abschmecken. Die Sauce einige Minuten bei schwacher Hitze köcheln lassen.

4 Die Bratlinge und die Morchelsauce nebeneinander auf vorgewärmten Tellern anrichten, mit Petersilie bestreuen.

❖ Zubereitungszeit:
40 Minuten
❖ Pro Portion
450 kcal /
1890 kJ

Kartoffelgnocchi mit Salbeibutter

Für die Gnocchi
500 g Kartoffeln (mehlig kochend)
250 g Vollkornmehl
50 g ger. Pecorino
1 EL Butter

Salz
Pfeffer
Für die Salbeibutter
1 Hand voll Salbeiblätter
2 EL Butter

1 Die Kartoffeln schälen und in kleine Stücke schneiden. In kochendes Salzwasser geben und in etwa 15 Minuten weich kochen. Abgießen, abtropfen lassen und mit einer Gabel fein zerdrücken. In eine Schüssel geben und etwas abkühlen lassen.
2 Das Mehl, die Hälfte des Pecorino, Butter, Salz und Pfeffer unter die Kartoffeln mischen. Den Teig auf leicht bemehlter Arbeitsfläche kurz kneten, bis er geschmeidig ist.
3 Vom Teig jeweils 1 TL voll abnehmen und mit leicht bemehlten Händen oval formen. Die Gnocchi auf einer Seite mit einem Messerrücken einkerben.
4 In einem großen Topf Salzwasser zum Kochen bringen. Die Gnocchi darin portionsweise etwa 5 Minuten kochen, bis sie an die Oberfläche steigen. Mit einem Schaumlöffel herausheben, gut abtropfen lassen und warm halten.
5 Den Salbei in feine Streifen schneiden. Die Butter in einer großen Pfanne schmelzen, den Salbei darin 1 Minute dünsten. Die Gnocchi kurz darin schwenken und 2 Minuten ziehen lassen. Sofort servieren und mit dem übrigen Pecorino bestreuen.
❖ Zubereitungszeit: 1 Stunde
❖ Pro Portion 425 kcal / 1785 kJ

Ofenkartoffeln mit Avocado-Salsa

Für die Ofenkartoffeln
1 kg junge Kartoffeln (fest
   kochend)
8 EL Olivenöl
Salz
Für die Salsa
2 Avocados
2 EL Zitronensaft

1 Knoblauchzehe
1 Chilischote
2 Schalotten
2 Tomaten
2 vollreife Feigen
2 EL saure Sahne
2 EL gehacktes Koriandergrün
Salz

1 Die Kartoffeln schälen und in ½ Zentimeter dicke Scheiben schneiden. Die Scheiben auf einem mit Backpapier ausgelegten Blech verteilen, mit Olivenöl beträufeln und leicht salzen. Im vorgeheizten Backofen bei 200 °C (Gas Stufe 3–4) ca. 30 Minuten knusprig goldbraun backen.

2 Inzwischen für die Salsa die Avocados halbieren, entsteinen und schälen. Das Fruchtfleisch zusammen mit dem Zitronensaft mit dem Handmixstab grob pürieren.

3 Den Knoblauch schälen, pressen und zum Avocadomus geben. Die Chilischote halbieren und entkernen. Die Schalotten schälen, die Tomaten waschen und vom Stielansatz befreien. Die Feigen waschen und häuten. Alles sehr fein zerkleinern und unter das Avocadomus mischen.

4 Die saure Sahne und das Koriandergrün unterrühren, mit Salz abschmecken. Getrennt zu den Kartoffeln reichen.

❖ **Zubereitungszeit: 45 Minuten**
❖ **Pro Portion 725 kcal / 3045 kJ**

Ricotta-Ravioli mit Pesto

Für die Ravioli
125 g Vollkornmehl
1 Eigelb
1 EL Olivenöl
1 TL Wasser
Für die Füllung
500 g Ricotta
1 Eigelb
Salz

Pfeffer
Für das Pesto
2 Bund Basilikum
Salz
25 g Pinienkerne
2 Knoblauchzehen
Weißer Pfeffer
75 ml Olivenöl
40 g ger. Pecorino

1 Das Mehl in eine Schüssel sieben und in die Mitte eine Mulde drücken. Eigelb, Öl und Wasser hineingeben und das Mehl unterarbeiten. Den Teig herausnehmen und auf leicht bemehlter Arbeitsfläche geschmeidig kneten. Zu einer Kugel formen, fest in Klarsichtfolie wickeln und im Kühlschrank 30 Minuten ruhen lassen.

2 Für die Füllung Ricotta und Eigelb gut vermischen, mit Salz und Pfeffer würzen.

3 Für das Pesto das Basilikum grob hacken und mit etwas Salz im Mörser verreiben. Die Pinienkerne fein hacken, den Knoblauch schälen und durch eine Presse drücken. Pinienkerne, Knoblauch und Pfeffer zum Basilikum geben und weiter im Mörser verarbeiten. Dabei löffelweise das Öl und den Pecorino untermischen, bis eine cremige Sauce entsteht.

4 Den Ravioli-Teig halbieren und aus jeder Hälfte wieder eine Kugel formen. Jede Kugel zu einem Rechteck gleicher Größe ausrollen. Auf eine Teigplatte in Reihen und im Abstand von 5 Zentimetern jeweils 1 TL Ricottamasse geben. Den Teig dazwischen mit Wasser bestreichen. Die zweite Teigplatte sorgfältig darüber legen und den Teig zwischen den Ricottahäufchen fest drücken. Die Ravioli mit einem Messer ausschneiden.

5 In einem großen Topf Salzwasser zum Kochen bringen. Die Ravioli darin in 10 Minuten gar kochen. Mit dem Schaumlöffel herausheben, gut abtropfen lassen und in eine Servierschüssel füllen. Das Pesto mit 3 bis 4 EL vom Ravioli-Kochwasser verrühren, dann die Sauce über die Ravioli gießen und gut vermischen. Nach Belieben mit geriebenem Pecorino bestreuen.

❖ **Zubereitungszeit: 1 Stunde; Ruhezeit für den Teig: 30 Minuten**
❖ **Pro Portion 525 kcal/2205 kJ**

Steckrüben-Möhren-Gratin

1 Steckrübe (ca. 1 kg)	Pfeffer
500 g Möhren	200 g Sahne
1 ½ l Gemüsebrühe	100 g ger. Greyerzer
1 EL Butter	2 EL Kürbiskerne
Salz	

1 Die Steckrübe und die Möhren waschen und schälen. Die Steckrübe vierteln, dann ebenso wie die Möhren in ½ Zentimeter dicke Scheiben schneiden. Die Gemüsebrühe zum Kochen bringen, Rüben und Möhren darin 5 Minuten garen lassen, dann herausheben und abtropfen lassen.

2 Eine feuerfeste Form mit Butter ausstreichen, das Gemüse einschichten. Salzen, pfeffern, mit der Sahne begießen. Den Käse darüber verteilen, mit Kürbiskernen bestreuen.

3 Das Gratin im vorgeheizten Backofen bei 200 °C (Gas Stufe 3–4) ca. 40 Minuten überbacken.

❖ **Zubereitungszeit: 1 Stunde**

❖ **Pro Portion 460 kcal / 1932 kJ**

Gefüllte Zucchini

4 kleine Zucchini	2 Schalotten
2 Mozzarella (à 125 g)	Je 2 rote und gelbe Paprikaschoten
1 TL Kapern	2 Knoblauchzehen
1 EL Oregano	Paprikapulver (edelsüß)
Salz	1 EL Ajvar (Paprikamus)
Pfeffer	50 g Sahne
5 EL Olivenöl	

1 Die Zucchini waschen, den Stiel- und Blütenansatz entfernen. Die Früchte der Länge nach halbieren. Mit einem Teelöffel das Fruchtfleisch herausholen, dabei einen etwa ½ Zentimeter breiten Rand stehen lassen. Die Zucchinihälften 1 bis 2 Minuten in kochendem Salzwasser blanchieren, dann abgießen. Zum Abtropfen mit der Schnittfläche nach unten auf Küchenpapier legen und etwas abkühlen lassen.

2 Den Mozzarella in Stücke schneiden und zusammen mit dem ausgehöhlten Fruchtfleisch der Zucchini und den Kapern pürieren, bis eine cremige Masse entsteht. Mit Oregano, Salz und Pfeffer würzen. Die Zucchinihälften damit füllen.

3 Eine feuerfeste Auflaufform mit 1 EL Öl ausstreichen. Die Zucchini hineinsetzen und mit 2 EL Öl beträufeln. Mit Aluminiumfolie abdecken und im vorgeheizten Backofen bei 200 °C (Gas Stufe 3–4) etwa 20 Minuten garen. Dann die Folie abnehmen und die Zucchini weitere 5 Minuten braten.

4 Inzwischen die Schalotten schälen, halbieren und in feine Halbringe schneiden. Die Paprikaschoten waschen, halbieren, putzen und ebenfalls in feine Halbringe schneiden. Das restliche Öl in einer Pfanne erhitzen, Schalotten und Paprika darin leicht anbraten. Den gepressten Knoblauch, Salz und Paprikapulver zufügen. Das Ajvar und die Sahne einrühren. Bei schwacher Hitze dünsten, bis das Gemüse weich ist.

5 Die Zucchini auf einer Servierplatte anrichten, das Paprikagemüse darüber verteilen.

❖ Zubereitungszeit: 45 Minuten
❖ Pro Portion 375 kcal / 1575 kJ

Artischocken mit Sauce Vinaigrette

4 kleine Artischocken
Salz
3 EL Molkosan
1 Lorbeerblatt
1 TL Senf (scharf)
Pfeffer

2 EL gemischte gehackte Kräuter
(z. B. Schnittlauch, Petersilie,
Estragon, Kerbel, Dill)
1 TL Kapern
4 EL Sonnenblumenöl

1 Die Stiele der Artischocken herausbrechen, um die harten Fasern aus dem Blütenboden zu lösen. Den Boden so beschneiden, dass die Artischocken aufrecht stehen können. Die Blattspitzen entfernen und das Gemüse gründlich waschen. Einen großen Topf mit Salzwasser zum Kochen bringen, 1 EL Molkosan und das Lorbeerblatt zufügen. Die Artischocken hineingeben und 30 Minuten bei mittlerer Hitze garen. Sie sind fertig, wenn sich die unteren Blätter leicht herausziehen lassen.
2 Das restliche Molkosan, Senf, Salz, Pfeffer und die Kräuter verrühren. Die Kapern hacken und untermengen. Unter Rühren das Öl nach und nach dazugeben.
3 Die Artischocken mit einem Schaumlöffel aus dem Wasser heben und umgedreht auf Küchenpapier abtropfen lassen. Artischocken und Sauce Vinaigrette getrennt servieren.
❖ **Zubereitungszeit: 45 Minuten**
❖ **Pro Portion 175 kcal / 735 kJ**

Tipp
Zu Artischocken schmeckt auch eine Knoblauchsauce lecker.

Auberginenschnecken mit Ricotta-Mousse

2 mittelgroße Auberginen
Salz
200 g Ricotta
75 g ger. Pecorino
1 Eigelb
Muskat

2 EL gehacktes Basilikum
3 EL Olivenöl
2 Knoblauchzehen
Pfeffer
Chilipulver
Basilikumblättchen zum Garnieren

1 Die Auberginen gut waschen und den Stielansatz entfernen. Die Früchte längs in dünne Scheiben schneiden, auf einem flachen Teller ausbreiten und mit Salz bestreuen. 30 Minuten ziehen lassen.

2 Den Ricotta cremig rühren, mit Pecorino, Eigelb, Muskat und Basilikum mischen. 45 Minuten kühl stellen.

3 Die Auberginen in ein Sieb geben, unter fließendem Wasser abspülen und trockentupfen. Die Scheiben mit dem Öl bepinseln. Den Knoblauch schälen und pressen, zusammen mit etwas Salz, Pfeffer und Chilipulver auf den Auberginenscheiben verteilen. Die Auberginen in einer beschichteten Pfanne auf beiden Seiten kräftig anbraten, bei Bedarf Öl zufügen.

4 Die Auberginenscheiben mit der Ricotta-Mousse bestreichen und der Länge nach aufrollen, mit Basilikumblättchen garnieren.

❖ Zubereitungszeit: 35 Minuten; Ruhezeit: 30 Minuten; Kühlzeit: 45 Minuten

❖ Pro Portion 245 kcal / 1029 kJ

Desserts

Melonen–Himbeer–Kaltschale

500 g Honigmelone   1 EL Sanddornsaft
200 g Himbeeren   4 ML Biobin
1 EL Akazienhonig   350 ml Buttermilch
2 EL Zitronensaft   4 Blättchen Zitronenmelisse

1 Die Melone schälen, mit einem Löffel die Kerne herausschaben und das Fruchtfleisch in Stücke schneiden. Die Himbeeren verlesen (nach Möglichkeit nicht waschen). Die Hälfte der Himbeeren beiseite legen. Die Melone und die andere Hälfte der Himbeeren mit Honig, Zitronensaft und Sanddornsaft mischen und mit dem Handmixstab pürieren.

2 Das Biobin in die Buttermilch einrühren und unter das Fruchtmus mischen. Die Creme auf vier Dessertschälchen verteilen, mit den zurückbehaltenen Himbeeren und der Zitronenmelisse verzieren, 1 Stunde kühl stellen.

❖ **Zubereitungszeit: 15 Minuten; Kühlzeit: 1 Stunde**
❖ **Pro Portion 135 kcal / 567 kJ**

___Hinweis___
Biobin ist ein Johanniskernmehl-Produkt und wird zum Binden von Speisen verwendet. Es wird mit dem beigefügten Messlöffel dosiert: 1 Messlöffel (= 1 Gramm) ist ausreichend für 100 bis 200 Milliliter Flüssigkeit. Sie erhalten Biobin im Reformhaus.

Kirschsuppe

³/₈ l Weißwein (trocken)
2 EL Blütenhonig
250 g Sauerkirschen (entsteint)
Saft von 1 Zitrone

375 g Crème fraîche
1 EL Kirschwasser
Gem. Zimt

1 Den Wein mit dem Honig mischen und erhitzen. Sobald sich der Honig aufgelöst hat, den Wein zum Kochen bringen, die Kirschen zufügen und 5 Minuten köcheln lassen.

2 Die Suppe mit dem Handmixstab pürieren oder durch ein Sieb passieren. Den Zitronensaft zufügen und die Suppe abkühlen lassen.

3 Zwei Drittel der Crème fraîche zusammen mit dem Kirschwasser unter die abgekühlte Suppe rühren. Abschmecken und nach Belieben noch etwas Honig unterrühren. Die Suppe zugedeckt gut durchkühlen lassen.

4 Die kalte Suppe auf Suppentassen verteilen, die restliche Crème fraîche jeweils als Klecks in die Mitte setzen und mit einer Gabel zu einem Muster verziehen. Mit Zimt bestreuen.

❖ **Zubereitungszeit: 20 Minuten; Kühlzeit: ca. 2 Stunden**
❖ **Pro Portion 490 kcal / 2058 kJ**

___Keine Regel ohne Ausnahme___

Die meisten Desserts schmecken nur, wenn sie leicht gesüßt sind. Auch wenn Süßungsmittel wie Honig, Ahornsirup oder Dicksäfte zur Kohlenhydratgruppe gerechnet werden, dürfen sie daher in kleinen Mengen Süßspeisen aus der Eiweißgruppe zugegeben werden.

Nektarinen–Frappé

5 vollreife Nektarinen   20 Eiswürfel
50 g Erdbeeren   Saft von ½ Zitrone

1 Die Nektarinen waschen, entsteinen, häuten und bis auf vier schmale Spalten in Stücke schneiden. Die Erdbeeren verlesen, abbrausen, trockentupfen und dann erst entkelchen.

2 Die Eiswürfel im Mixer oder in der Küchenmaschine grob zerkleinern. Die Nektarinenstücke, Erdbeeren und den Zitronensaft zufügen und alles sehr rasch zu einer glatten Masse verarbeiten. In gekühlte Longdrinkgläser füllen. Mit den zurückbehaltenen Nektarinenspalten garnieren.

❖ **Zubereitungszeit: 10 Minuten**
❖ **Pro Portion 80 kcal/336 kJ**

Ingwerfrüchte mit Mascarponecreme

2 Pfirsiche   1 EL Blütenhonig
2 Birnen   100 g Mascarpone
3 Kiwis   100 g Quark (20%)
1 Stück Ingwerwurzel (2 cm)   2 cl Orangenlikör
Saft und Schale von 1 Zitrone   2 TL gehackte Pistazien

1 Pfirsiche und Birnen schälen, halbieren, Steine bzw. Kerngehäuse entfernen. Die Früchte in Spalten schneiden. Die Kiwis schälen und in Scheiben schneiden.

2 Den Ingwer reiben und zusammen mit Zitronensaft und -schale, Honig und 100 ml Wasser aufkochen. Die Früchte hineingeben und bei schwacher Hitze 3 Minuten ziehen lassen. Dann vorsichtig herausheben und auf vier Desserttellern kreisförmig anrichten.

3 Mascarpone mit Quark und Orangenlikör glatt rühren, als Klecks in die Tellermitte setzen und mit den Pistazien bestreuen.

❖ Zubereitungszeit: 20 Minuten
❖ Pro Portion 225 kcal/945 kJ

Gefüllte Papayas

75 g Sauerkirschen (entsteint)	50 g Himbeeren
1 TL Akazienhonig	2 vollreife Papayas
2 EL Rum	

1 Die Kirschen halbieren und zusammen mit dem Honig und dem Rum in einen kleinen Topf geben. Bei schwacher Hitze 5 bis 7 Minuten weich dünsten. Ab und zu umrühren. Dann etwas abkühlen lassen.

2 Die Himbeeren verlesen (nur bei Bedarf waschen) und unter die abgekühlten Kirschen mischen.

3 Die Papayas waschen, der Länge nach halbieren, die Kerne mit einem kleinen Löffel herauslösen. Die Sauerkirsch-Himbeer-Mischung in die Papayahälften füllen.

❖ Zubereitungszeit: 20 Minuten
❖ Pro Portion 50 kcal/210 kJ

Erdbeeren in Rotweinschaum

500 g Erdbeeren	1 EL Butter
¼ l Rotwein (trocken)	50 g Honig
1 Msp. Nelkenpulver	150 g Sahne
½ TL gem. Zimt	

1 Die Erdbeeren waschen, trockentupfen und dann erst entkronen. Die Beeren vierteln, in einer Schüssel mit dem Rotwein übergießen und zugedeckt 1 Stunde kühl stellen.

2 Den Rotwein in einen Topf abgießen und bei starker Hitze um etwa die Hälfte reduzieren. Mit Nelken und Zimt würzen.

3 In einem zweiten Topf die Butter schmelzen, den Honig einrühren. Nach und nach die Sahne und den aromatisierten Rotwein angießen und die Sauce unter ständigem Rühren mit dem Schneebesen erhitzen, bis sie cremig wird.

4 Die Erdbeeren in Dessertschälchen füllen und mit der heißen Sauce übergießen.

❖ Zubereitungszeit: 30 Minuten; Kühlzeit: 1 Stunde
❖ Pro Portion 270 kcal / 1134 kJ

Mangocreme

2 vollreife Mangos	3 EL Honig
1 TL Zitronensaft	8 cl Weißwein (trocken)
Gem. Zimt	50 g Sahne
4 Eigelb	1 EL gehackte Pistazien

1 Die Mangos schälen, das Fruchtfleisch vom Stein lösen und in eine Schüssel geben. Mit dem Handmixstab fein pürieren, mit Zitronensaft und Zimt abschmecken.

2 Eigelb mit Honig und Wein in einen Topf geben und im heißen Wasserbad so lange rühren, bis die Masse cremig wird (sie darf aber nicht kochen!). Aus dem Wasserbad nehmen und abkühlen lassen.

3 Die Sahne steif schlagen und mit der Eigelbmasse und dem Mangopüree gut vermischen.

4 Die Mangocreme gekühlt, mit Pistazien bestreut servieren.

❖ Zubereitungszeit: 20 Minuten; Kühlzeit: ca. 2 Stunden

❖ Pro Portion 255 kcal / 1071 kJ

Südseebananen

4 reife Bananen

150 g Vollmilchjogurt

1 EL Blütenhonig

1 EL Zitronensaft

2 EL Kokosraspel

1 Die ungeschälten Bananen in den auf 200 °C (Gas Stufe 3–4) vorgeheizten Backofen auf den Rost legen, bis die Schale aufplatzt.

2 Den Jogurt mit dem Honig und Zitronensaft verrühren.

3 Die Bananen aus der Schale lösen, auf vier Teller legen und mit Jogurtsauce beträufeln. Die Kokosraspel darüber streuen.

❖ Zubereitungszeit: 15 Minuten

❖ Pro Portion 250 kcal / 1050 kJ

Feigen-Syllabub

8 vollreife Feigen
2 EL Weinbrand
1 EL Zitronensaft

75 g flüssiger Honig
300 g Crème double
Muskat

1 Die Feigen häuten und im Mixer pürieren. Das Fruchtmus mit Weinbrand, Zitronensaft und Honig in einer Schüssel verrühren.

2 Die Crème double unterrühren. Die Schüssel in Eiswasser setzen und die Masse 4 bis 5 Minuten mit dem Schneebesen schlagen, bis sich weiche Spitzen bilden.

3 Den Syllabub in Stielgläser füllen und mindestens 2 Stunden kühl stellen. Vor dem Servieren mit Muskat bestreuen.

❖ **Zubereitungszeit: 15 Minuten; Kühlzeit: mindestens 2 Stunden**
❖ **Pro Portion 415 kcal / 1743 kJ**

____Hinweis____
Nach längerem Stehen kann sich am Boden etwas Flüssigkeit absetzen. In diesem Fall den Syllabub mit einem Stäbchen nochmals vorsichtig durchrühren.

Feigen mit Mascarponecreme

4 vollreife Feigen	50 g Quark (20%)
100 g Mascarpone	2 cl Amaretto (Mandellikör)

1 Die Feigen häuten, in Scheiben schneiden und auf vier Desserttellern anrichten.

2 Mascarpone, Quark und Amaretto gründlich verrühren. Die Masse in einen Spritzbeutel füllen und jeweils in die Mitte der Teller spritzen.

❖ **Zubereitungszeit: 10 Minuten**
❖ **Pro Portion 155 kcal/651 kJ**

Bananen »Karamell«

1 EL Butter	4 mittelgroße Bananen
75 g flüssiger Honig	2 EL gehackte Pistazien

1 Die Butter in einem kleinen Topf schmelzen. Den Honig zufügen und unter ständigem Rühren bei geringer Hitze sanft erhitzen.

2 Die Bananen schälen und der Länge nach halbieren. Jeweils zwei Hälften auf einen Dessertteller legen und mit der Honigsauce überziehen. Mit den gehackten Pistazien bestreuen und servieren.

❖ **Zubereitungszeit: 10 Minuten**
❖ **Pro Portion 315 kcal/1323 kJ**

Bananencreme mit Datteln

3 Blatt weiße Gelatine
2 Bananen
3 cl Orangenlikör

2 EL Honig
6 weiche Datteln (ohne Stein)
200 g Sahne

1 Die Gelatine nach Packungsvorschrift einweichen und auflösen.

2 Die Bananen schälen. Mit dem Likör und dem Honig im Mixer pürieren.

3 Die aufgelöste Gelatine mit etwas Fruchtpüree vermengen und diese Mischung mit dem Schneebesen unter das übrige Püree ziehen.

4 Die Datteln in kleine Stückchen schneiden und unter die Creme mischen.

5 Die Sahne steif schlagen und vorsichtig unterheben. Die Bananencreme mindestens 4 Stunden in den Kühlschrank stellen.

❖ Zubereitungszeit:
20 Minuten;
Kühlzeit:
mindestens
4 Stunden
❖ Pro
Portion
320 kcal/
1344 kJ

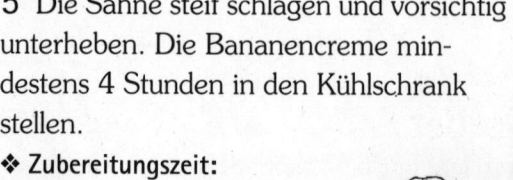

Heidelbeercreme

300 g Heidelbeeren   1 EL flüssiger Honig
200 g Quark (20 %)   50 g Sahne
2 cl Mandellikör   4 EL Mandelblättchen

1 Die Heidelbeeren verlesen, waschen und trockentupfen.
2 Den Quark mit Mandellikör und Honig glatt rühren. Die Sahne steif schlagen und vorsichtig unterheben.
3 Die Heidelbeeren mit dem Sahnequark mischen und auf vier Dessertschälchen verteilen.
4 Die Mandelblättchen in einer beschichteten Pfanne ohne Fettzugabe goldgelb rösten, vor dem Servieren über die Heidelbeercreme streuen.
❖ **Zubereitungszeit: 15 Minuten**
❖ **Pro Portion 230 kcal / 966 kJ**

Heidelbeer-Sorbet

3 EL flüssiger Honig   1 EL Kirschwasser
250 g Heidelbeeren

1 ⅛ l Wasser und den Honig in einem Topf erhitzen, bis sich der Honig aufgelöst hat. Zum Kochen bringen, 2 Minuten bei schwacher Hitze kochen, dann abkühlen lassen.
2 Die Heidelbeeren verlesen, waschen und trockentupfen. Dann pürieren oder durch ein Sieb streichen.

3 Das Honigwasser, das Kirschwasser und nochmals ⅛ l Wasser mit dem Heidelbeerpüree mischen und mit Honig oder Kirschwasser abschmecken. Die Sorbetmasse ca. 20 Minuten durchkühlen lassen, dann nochmals abschmecken.

4 Die Masse in eine Eismaschine füllen und gefrieren.

❖ **Zubereitungszeit: 15 Minuten; Kühlzeit: ca. 60 Minuten**

❖ **Pro Portion 80 kcal/«336 kJ**

___Tipp___
Wenn Sie keine Eismaschine besitzen, können Sie das Sorbet auch in einer Keramik- oder Metallschüssel gefrieren. Dann müssen Sie es jedoch während des Gefriervorgangs immer wieder einmal kurz durchrühren.

Mandelquark

150 g gehackte Mandeln
250 g Quark (20 %)
2 EL Kefir

4 EL Amaretto
½ TL Zitronenschale
150 g Sahne

1 Die Mandeln in einer Pfanne ohne Fettzugabe leicht rösten. Quark, Kefir, Amaretto und Zitronenschale verrühren.

2 Von den Mandeln 2 EL zurückbehalten, den Rest unter den Quark rühren. Die Sahne steif schlagen und unterheben.

3 Die Creme auf vier Dessertschälchen verteilen. Die restlichen Mandeln darüber streuen und servieren.

❖ **Zubereitungszeit: 15 Minuten**

❖ **Pro Portion 415 kcal/1743 kJ**

Haselnussparfait

3 Eigelb
1/2 TL Mark einer Vanilleschote
1 EL Ahornsirup
200 g Sahne

100 g gem. Haselnüsse
1 TL ger. Orangenschale
2 cl Orangenlikör
1 EL gehackte Haselnüsse

1 Das Eigelb zusammen mit dem Vanillemark und dem Ahornsirup in einer Porzellanschüssel mit dem Schneebesen schaumig schlagen. Die Sahne steif schlagen und unterziehen. Die Creme im Gefrierschrank etwa 30 Minuten kühlen, dabei immer wieder durchrühren. Sie soll halbfest werden.
2 Die gemahlenen Haselnüsse mit der Orangenschale und dem Likör mischen und einige Minuten ziehen lassen. Dann unter die halbgefrorene Creme rühren. Das Parfait weitere 30 Minuten in den Gefrierschrank stellen, ab und zu durchrühren.
3 Zum Servieren das Parfait mit einem Eisportionierer auf vorgekühlte Dessertschälchen verteilen und mit den gehackten Haselnüssen bestreuen.

❖ **Zubereitungszeit: 10 Minuten; Gefrierzeit: insgesamt 1 Stunde**
❖ **Pro Portion 400 kcal/1680 kJ**

Pizza & Quiche

Bunte Maispizza

Für den Teig
550 ml Wasser
1 Prise Salz
Pfeffer
1 Msp. Koriander
150 g Maisgrieß (Polenta)
50 g Vollkornmehl
1 Eigelb

Für den Belag
1 kleine Zucchini
Je 1 rote und gelbe Paprikaschote
100 g braune Champignons
½ Bund Frühlingszwiebeln
1 EL Butter
100 g ger. Greyerzer
½ Bund Basilikum

Außerdem
Fett für die Form

1 Das Wasser mit Salz, Pfeffer und Koriander zum Kochen bringen. Den Maisgrieß und das Mehl einrühren und unter Rühren zu einem dicken Brei kochen. Etwas auskühlen lassen, dann das Eigelb unterrühren. Den Maisbrei in eine flache gefettete Form (Ø 28 Zentimeter) geben, glatt streichen und einen Rand hochziehen.

2 Die Zucchini waschen, Stiel- und Blütenansatz entfernen. Das Fruchtfleisch in kleine Würfel schneiden. Die Paprikaschoten waschen, halbieren, Stielansatz, Kerne und weiße Häutchen entfernen. Das Fruchtfleisch ebenfalls klein würfeln. Die Champignons und Frühlingszwiebeln putzen und in feine Scheibchen bzw. Ringe schneiden.

3 Die Butter in einer Pfanne schmelzen und das Gemüse darin 15 Minuten dünsten. Dann auf dem Maisbrei verteilen, leicht salzen und pfeffern. Den Käse darüber verteilen. Die Maispizza im vorgeheizten Backofen bei 200 °C (Gas Stufe 3–4) auf der mittleren Schiene 15 bis 20 Minuten backen.

4 Inzwischen das Basilikum kalt abbrausen, trockenschütteln und fein hacken. Die fertige Pizza damit bestreuen und sofort servieren.

❖ Vorbereitungszeit: 50 Minuten; Backzeit: 15 bis 20 Minuten
❖ Pro Portion 340 kcal / 1428 kJ

Lauchkuchen

Für den Teig	2 EL Butter
300 g Vollkornmehl	200 g saure Sahne
½ Würfel Hefe	2 Eigelb
200 ml lauwarme Buttermilch	Salz
½ TL Salz	Pfeffer
2 EL weiche Butter	1 TL Kümmel
Für den Belag	1 Msp. Muskat
800 g Lauch	

1 Das Mehl in eine Schüssel geben, in die Mitte eine Mulde drücken. Die Hefe hineinbröckeln, mit einem Drittel der lauwarmen Buttermilch und etwas Mehl vom Rand zu einem dicklichen Brei verrühren. Die Schüssel zugedeckt an einen warmen Platz stellen und den Vorteig 15 Minuten gehen lassen.

2 Dann die restliche Buttermilch, das Salz und die Butter in Flöckchen zum Mehl geben. Den Teig kräftig kneten, bis er Blasen wirft. Ein Backblech mit Backpapier auslegen, den Teig mit bemehlten Händen darauf dünn ausbreiten und weitere 20 Minuten zugedeckt gehen lassen.

3 Den Lauch putzen, waschen und in dünne Ringe schneiden. Die Butter schmelzen, den Lauch darin etwa 15 Minuten dünsten. Die saure Sahne mit dem Eigelb gut verrühren, mit Salz, Pfeffer, Kümmel und Muskat würzen.

4 Lauch und Sahnesauce vermischen und gleichmäßig auf dem Hefeteig verteilen. Den Lauchkuchen im vorgeheizten Backofen bei 200 °C (Gas Stufe 3–4) auf der mittleren Schiene ca. 30 Minuten goldbraun backen.

❖ **Vorbereitungszeit: 1 Stunde; Backzeit: 30 Minuten**
❖ **Pro Stück 520 kcal / 2184 kJ**

Backen mit Trennkost

Trennkostgerechtes Backen ist im Grunde ganz einfach. Da die Hauptzutat, das Mehl, zur Kohlenhydratgruppe zählt, sollte kein Lebensmittel aus der Eiweißgruppe verwendet werden. Allerdings erfordern die meisten Backwaren zum Gelingen Eier (Eiweißgruppe) oder zumindest einen vollwertigen Ersatz. Hier muss das Gewissen entscheiden. Will man die Trennkost ganz streng befolgen, können die Eier durch Kuzu ersetzt werden, ein pflanzliches Bindemittel aus Pfeilwurzelstärke, das in Verbindung mit kohlensäurehaltigem Mineralwasser, Sahne und Weinstein-Backpulver ein neutraler und zuverlässiger Ei-Ersatz ist (siehe Rezept Seite 108). Oder man reduziert die im Rezept vorgegebene Menge an Eiern so weit wie möglich und drückt ein Auge zu.

Quiche Marseille

Für den Teig
250 g Vollkornmehl
1 Ei
1 TL Salz
50 g Sahne
150 g weiche Butter
Für den Belag
350 g Zucchini
1 rote Paprikaschote
1 Aubergine (250 g)

1 EL gehackter Majoran
Für den Guss
200 g ger. Greyerzer
75 g Sahne
$^1\!/_8$ l Wasser
3 Eier
Salz
Pfeffer
Muskat
Paprikapulver (edelsüß)

1 In einer Schüssel das Mehl mit dem Ei, dem Salz, der Sahne und der weichen Butter mit den Knethaken verrühren. Dann auf leicht bemehlter Arbeitsfläche mit den Händen zu einem glatten Teig verarbeiten. Diesen zu einer Kugel formen, in Klarsichtfolie wickeln und im Kühlschrank 1 Stunde ruhen lassen.
2 Inzwischen die Zucchini gründlich waschen, den Stiel- und Blütenansatz entfernen. Das Fruchtfleisch in ½ Zentimeter dicke Scheiben schneiden. Die Paprikaschote waschen, putzen und in schmale Streifen schneiden. Die Aubergine waschen, den Stielansatz entfernen. Das Fruchtfleisch klein würfeln.
3 Den Teig auf leicht bemehlter Arbeitsfläche zu einem großen Rechteck ausrollen und auf ein mit Backpapier ausgelegtes Blech legen. Mit den Händen einen kleinen Rand formen. Das Gemüse gleichmäßig auf dem Teig verteilen, den Majoran darüber streuen.

4 Für den Guss den Käse mit Sahne, Wasser und Eiern verrühren, mit den Gewürzen kräftig abschmecken. Über das Gemüse gießen.

5 Die Quiche im Backofen bei 220 °C (Gas Stufe 4–5) auf der untersten Schiene 55 Minuten backen. Warm servieren.

❖ Vorbereitungszeit: 30 Minuten; Ruhezeit für den Teig: 1 Stunde; Backzeit: 55 Minuten

❖ Pro Portion 890 kcal/3738 kJ

Quiche mit Rucola

Für den Teig
180 g Vollkornmehl
125 g Butter
2 EL Wasser

Für die Füllung
150 g Rucola
1 Stange Lauch
1 Bund Frühlingszwiebeln
1 Knoblauchzehe
1 EL Butter
2 EL gehackte Pinienkerne

2 Eier
200 g Sahne
50 ml Wasser
Salz
Pfeffer
1 Msp. Muskat
2 EL ger. Pecorino
2 EL gehacktes Basilikum

Außerdem
Getrocknete Bohnen zum
    Blindbacken

1 Das Mehl in eine Schüssel sieben. Die Butter in kleine Stückchen schneiden und dazugeben, mit den Fingerspitzen zu einer feinbröseligen Masse verarbeiten. Das Wasser unterarbeiten; eventuell noch etwas Wasser dazugeben. Die Masse zu einem geschmeidigen Teig verkneten, zu einer Kugel formen, in Klarsichtfolie wickeln, 30 Minuten kühl stellen.

2 Den Teig kreisrund ausrollen und eine Quicheform (Ø 22 cm) damit auskleiden. Den Teig mit Backpapier belegen, getrocknete Bohnen einfüllen, bei 200 °C (Gas Stufe 3–4) 10 Minuten blind backen. Bohnen und Backpapier entfernen und den Teig weitere 5 Minuten backen. Herausnehmen und die Temperatur auf 180 °C (Gas Stufe 2–3) zurückschalten.

3 Den Rucola waschen und trockenschütteln, die Blätter in schmale Streifen schneiden. Den Lauch putzen, waschen, die grünen Teile abtrennen, die weißen in feine Ringe schneiden. Die Frühlingszwiebeln putzen, waschen und ebenfalls in feine Ringe schneiden. Den Knoblauch schälen und pressen.

4 Die Butter in einer großen Pfanne schmelzen. Lauch, Frühlingszwiebeln und Knoblauch darin 5 Minuten unter Rühren leicht braten. Den Rucola zufügen und 1 Minute mitdünsten. Dann das Gemüse vom Herd nehmen und abkühlen lassen.

5 Die Pinienkerne in einer beschichteten Pfanne ohne Fettzugabe goldgelb rösten.

6 Eier, Sahne und Wasser verrühren, mit Salz, Pfeffer und Muskat würzen. Den Pecorino und das Basilikum unterrühren.

7 Gemüse und Pinienkerne auf dem vorgebackenen Teigboden verteilen und glatt streichen. Die Eiersauce darüber gießen.

8 Die Quiche etwa 50 Minuten backen, bis die Füllung fest und goldbraun ist.

❖ Vorbereitungszeit: 45 Minuten; Ruhezeit für den Teig: 30 Minuten; Backzeit 65 Minuten (insgesamt)

❖ Pro Portion 695 kcal/2919 kJ

Brot & Brötchen

Vollkornbrot mit Röstzwiebeln

1 Zwiebel	Pfeffer
1 EL Sonnenblumenöl	500 g Vollkornmehl
20 g Kuzu	1 Pck. Weinstein-Backpulver
50 ml Mineralwasser	1 TL Salz
2 Eigelb	50 g Butter
250 ml Buttermilch	1 EL Kräuter der Provence
1 Msp. Muskat	(getrocknet)

1 Die Zwiebel schälen, fein hacken, im heißen Öl anbraten und abkühlen lassen. Kuzu im Mineralwasser auflösen. Das Eigelb in der Buttermilch verquirlen, mit Muskat und Pfeffer würzen und zum aufgelösten Kuzu geben.

2 Mehl, Backpulver und Salz in einer Schüssel mischen. Mit Butterflöckchen zu einem bröseligen Teig verarbeiten. Zwiebeln, Kräuter und nach und nach Buttermilch zugeben. Mit dem Knethaken einen glatten Teig formen, 30 Minuten kühl stellen.

3 Den Teig nochmals gut durchkneten, zu einem länglichen Laib formen und auf ein mit Backpapier ausgelegtes Blech legen. Im vorgeheizten Backofen bei 200 °C (Gas Stufe 3–4) auf der untersten Schiene 40 bis 50 Minuten backen.

❖ **Vorbereitungszeit: 25 Minuten; Ruhezeit für den Teig: 30 Minuten; Backzeit: 40 bis 50 Minuten**

❖ **Ein ganzes Brot 2460 kcal / 10332 kJ**

Kornstangen

Für 16 Stück
75 g Weizenkörner
1/2 l Wasser
1 Würfel Hefe
1 EL Akazienhonig
250 g Weizenvollkornmehl
1/2 l lauwarme Buttermilch

100 g Roggenvollkornmehl
150 g Getreideschrot (Mischung)
100 g Weizengrieß
50 g Leinsamen
1 TL Salz
1 Msp. Muskat

1 Die Weizenkörner über Nacht in Wasser einweichen. Am nächsten Tag im Einweichwasser etwa 3 Minuten kochen, dann abgießen und etwas abkühlen lassen.

2 Die Hefe in eine Schüssel bröckeln und mit dem Honig, 2 EL Weizenmehl und etwas lauwarmer Buttermilch gut verrühren. Etwas Mehl darüber stäuben und den Vorteig zugedeckt an einem warmen Ort 20 Minuten gehen lassen.

3 Das restliche Weizenmehl mit dem Roggenmehl, Getreideschrot, Grieß, Leinsamen, Salz und Muskat vermischen. Zusammen mit den gequollenen Weizenkörnern, der übrigen Buttermilch und dem Vorteig kräftig durchkneten. Den Teig zugedeckt 1 Stunde gehen lassen.

4 Den Teig nochmals kräftig durchkneten, zu einer Rolle formen und in 16 Stücke teilen. Die Teigstücke zu etwa 3 Zentimeter dicken, an den Enden spitz zulaufenden Stangen rollen und einige Male quer einschneiden.

5 Die Kornstangen auf ein mit Backpapier ausgelegtes Blech legen und weitere 20 Minuten gehen lassen. Im vorgeheizten Backofen bei 225 °C (Gas Stufe 4–5) etwa 25 Minuten backen. Herausnehmen und auf einem Gitter abkühlen lassen.

❖ Vorbereitungszeit: 25 Minuten; Quellzeit für den Weizen: über Nacht; Ruhezeit für den Teig: insg. 100 Minuten; Backzeit: 25 Minuten

❖ Pro Stück 165 kcal/693 kJ

Zucchinibrot

150 g Zucchini	3 EL Sesamöl
100 ml Wasser	1 Würfel Hefe
1 Zwiebel	50 ml lauwarmes Wasser
1 EL Butter	Je ½ TL Salz, Zwiebelpulver,
2 kleine Eier	Muskat, Ingwer
1 EL Honig	450 g Vollkornmehl

1 Die Zucchini waschen, trocknen, putzen, schälen und grob reiben. 100 ml Wasser in einen kleinen Topf geben und die Zucchini darin 5 Minuten garen, dann abtropfen und abkühlen lassen. Die Zwiebel schälen und fein hacken. Die Butter schmelzen, die Zwiebel darin goldbraun rösten.

2 Ein Ei trennen, das Eiweiß beiseite stellen. Das Eigelb und das ganze Ei mit dem Honig und 2 EL Öl verrühren. Die Hefe zerbröckeln, in 50 ml lauwarmem Wasser auflösen und unter die Eiermasse rühren. Die Zucchini leicht ausdrücken, mit Zwiebeln und Gewürzen hinzufügen und alles gut vermischen. Zuletzt das Mehl mit den Händen kräftig unterkneten. Den Teig zu einer Kugel formen und mit dem restlichen Öl bestreichen. Zugedeckt an einem warmen Ort 1 Stunde gehen lassen.

3 Den Teig nochmals gut durchkneten, zu einem länglichen Laib formen, auf ein mit Backpapier ausgelegtes Blech legen und mit dem Eiweiß bestreichen. Den Laib der Länge nach mit einem scharfen Messer einschneiden und weitere 15 Minuten gehen lassen.

4 Das Brot im vorgeheizten Backofen bei 200 °C (Gas Stufe 3–4) auf der untersten Schiene etwa 40 Minuten backen. Während des Backens ein Schälchen mit Wasser auf den Ofenboden stellen.

❖ Vorbereitungszeit: 35 Minuten; Ruhezeit für den Teig: 75 Minuten; Backzeit: 40 Minuten

❖ Ein ganzes Brot 2240 kcal/9408 kJ

Kuchen und Kleingebäck

Ingwerplätzchen

Für ca. 30 Stück
Für die Plätzchen
500 g Akazienhonig
1 Stück Ingwerwurzel (3 cm)
125 g gehackte Walnüsse
100 g Mandelstifte
Je ½ TL gem. Nelken, Kardamom,
   Zimt
2 EL Kirschwasser
1 Prise Salz
1 EL Weinstein-Backpulver
400 g Vollkornmehl
Für die Garnierung
2 EL Kirschwasser
2 EL Ahornsirup
50 g gehackte Mandeln

1 Den Honig erwärmen und in eine Schüssel füllen. Den Ingwer fein reiben und zusammen mit den restlichen Zutaten gut verrühren.

2 Den Teig auf einem mit Backpapier ausgelegten Blech knapp 5 Millimeter dick ausstreichen und mit den Mandeln bestreuen.

3 Im vorgeheizten Backofen bei 180 °C (Gas Stufe 2–3) auf der mittleren Schiene 15 bis 20 Minuten backen.

4 Inzwischen das Kirschwasser und den Ahornsirup gründlich verrühren. Die noch heiße Teigplatte mit der Glasur bestreichen, mit den gehackten Mandeln bestreuen und in kleine Rechtecke schneiden. Auf einem Gitterrost abkühlen lassen.

❖ **Vorbereitungszeit: 20 Minuten; Backzeit: 15 bis 20 Minuten**
❖ **Pro Stück 160 kcal/672 kJ**

Biskuitroulade mit Heidelbeerfüllung

Für den Teig
3 Eier
100 g flüssiger Blütenhonig
125 g Vollkornmehl
1 TL Weinstein-Backpulver
1 Prise Salz

Für die Füllung
200 g Sahne
1 ML Biobin
1 EL Ahornsirup
250 g Heidelbeeren
Außerdem
1 TL Puderzucker zum Bestäuben

1 Für den Teig die Eier mit dem Honig sehr schaumig schlagen. Mehl, Backpulver und Salz mischen und vorsichtig unterheben. Den Teig auf einem mit Backpapier ausgelegten Blech zu einem Rechteck ausstreichen. Im vorgeheizten Backofen bei 180 °C (Gas Stufe 2–3) auf der mittleren Schiene 8 bis 10 Minuten backen.

2 Die Biskuitplatte auf ein Geschirrtuch stürzen. Das Backpapier entfernen und den Teig mithilfe des Geschirrtuchs schnell vorsichtig und locker aufrollen. So erkalten lassen.

3 Für die Füllung die Sahne mit Biobin sehr steif schlagen. Den Ahornsirup unterrühren. Die Heidelbeeren verlesen, waschen und trockentupfen. Vorsichtig unter die Sahne heben.

4 Die Biskuitrolle vorsichtig wieder ausbreiten und gleichmäßig mit der Heidelbeersahne bestreichen. Wieder zu einer Rolle formen und mit dem Puderzucker bestäuben.

❖ **Vorbereitungszeit: 25 Minuten; Kühlzeit: 30 Minuten; Backzeit: 8 bis 10 Minuten**
❖ **Pro Portion 225 kcal/945 kJ**

Maismuffins

Für 10 Stück

170 g Maismehl
150 g Dinkelmehl
½ Pck. Weinstein-Backpulver
1 Prise Salz
70 g Butter

2 Eier
4 EL Akazienhonig
150 g Sahne
Abger. Schale von 1 Zitrone
50 g Rosinen
Butter für die Form

1 Das Mehl mit Backpulver und Salz mischen. Die Butter schmelzen und zusammen mit Eiern, Honig und Sahne unter das Mehl rühren. Zitronenschale und Rosinen unterheben.

2 Eine Muffin-Form (für zehn große Muffins) mit der Butter ausstreichen. Den Teig einfüllen.

3 Die Maismuffins im vorgeheizten Backofen bei 200 °C (Gas Stufe 3–4) auf der unteren Schiene ca. 25 Minuten backen.

❖ Vorbereitungszeit: 10 Minuten; Backzeit: 25 Minuten
❖ Pro Stück 265 kcal / 1113 kJ

Mandelplätzchen

Für ca. 30 Stück

250 g Vollkornmehl
½ TL Weinstein-Backpulver
50 g Quark (20 %)
100 g weiche Butter
1 Prise Salz

50 ml Ahornsirup
3 Eigelb
75 ml lauwarmes Wasser
2 EL Sahne
75 g gehackte Mandeln

1 Das Mehl mit Backpulver, Quark, Butter, Salz, Ahornsirup, zwei Eigelben und dem Wasser gut verkneten. Den Teig ½ Zentimeter dick ausrollen und Plätzchen ausstechen.

2 Die Plätzchen auf ein mit Backpapier ausgelegtes Backblech legen. Die Sahne mit dem restlichen Eigelb verquirlen, die Plätzchen damit bestreichen und die Mandeln darüber streuen.

3 Bei 175 °C (Gas Stufe 2–3) etwa 12 bis 15 Minuten backen.

❖ Vorbereitungszeit: 20 Minuten; Backzeit: 12 bis 15 Minuten;

❖ Pro Stück 85 kcal/357 kJ

Bananen-Nuss-Muffins

Für 8 Stück
2 große Bananen
6 EL gem. Haselnüsse
2 Eigelb
6 EL Haferflocken

½ TL Zimt
3 EL Birnendicksaft
1 EL Akazienhonig
Butter für die Förmchen

1 Die Bananen pürieren, mit Nüssen, Eigelb, Haferflocken, Zimt, Birnendicksaft und Honig verrühren und 10 Minuten quellen lassen.

2 Die Masse in kleine gebutterte Muffinförmchen füllen. Bei 180 °C (Gas Stufe 2–3) etwa 20 bis 25 Minuten backen.

❖ Vorbereitungszeit: 10 Minuten; Quellzeit: 10 Minuten; Backzeit: 20 bis 25 Minuten

❖ Pro Stück 165 kcal/693 kJ

Apfelstrudel

(K)

Für 8 Portionen
Für den Teig
300 g Vollkornmehl
1 Prise Salz
1 EL flüssige Butter
3 EL Sonnenblumenöl
Ca. 150 ml lauwarmes Wasser
1 EL Öl zum Bestreichen
Für die Füllung
1,2 kg mürbe Äpfel

1 TL Zimt
120 g Akazienhonig
Mark von ½ Vanilleschote
40 g Vollkornzwieback
2 EL Butter
50 g ger. Haselnüsse
100 g saure Sahne
Außerdem
50 g flüssige Butter zum
    Bestreichen

1 Für den Teig das Mehl in eine Schüssel sieben und mit dem Salz mischen. Butter und Öl unterrühren. Nach und nach so viel Wasser einarbeiten, bis man einen weichen und geschmeidigen Teigkloß erhält.

2 Den Teig auf leicht bemehlter Arbeitsfläche 5 Minuten kräftig durchkneten, dann zu einer Kugel formen und mit dem Öl bestreichen. In Klarsichtfolie wickeln und unter einem umgedrehten Topf, der zuvor mit heißem Wasser ausgespült wurde, 1 Stunde ruhen lassen.

3 Inzwischen für die Füllung die Äpfel schälen, halbieren und das Kerngehäuse entfernen. Die Äpfel in sehr feine Scheibchen schneiden, mit Zimt, Honig und Vanillemark gut mischen. Den Zwieback fein reiben. Die Butter schmelzen, Zwieback und Haselnüsse darin leicht anrösten. Das Ganze erkalten lassen.

4 Den Teig auf einem bemehlten Geschirrtuch zu einem hauchdünnen Rechteck (ca. 70 mal 50 Zentimeter) ausziehen. Dazu den Teig zunächst leicht auf dem Geschirrtuch ausrollen, dann mit den Handrücken unter den Teig fahren und ihn langsam und gleichmäßig von der Mitte aus nach außen dehnen und ziehen. Wenn er sehr trocken ist, zwischendurch mit etwas flüssiger Butter bestreichen. Kleine Löcher sind kein Problem, nach dem Aufrollen sind sie nicht mehr zu sehen. Achtung: Der ausgezogene Teig muss sofort weiterverarbeitet werden!

5 Den ausgezogenen Teig mit saurer Sahne bestreichen. Dabei rundum einen Rand von etwa 5 Zentimeter frei lassen. Die Zwieback-Haselnuss-Masse auf der sauren Sahne verteilen, dann mit der Apfelmischung belegen.

6 Die Teigenden einschlagen. Den Strudel durch Anheben des Tuches von der Längsseite her aufrollen, dann mit den Teigenden nach unten auf ein mit Backpapier ausgelegtes Blech legen. Mit flüssiger Butter bestreichen.

7 Den Strudel im vorgeheizten Backofen bei 200 °C (Gas Stufe 3–4) auf der mittleren Schiene etwa 40 Minuten backen. Bei Bedarf während des Backens nochmals mit flüssiger Butter bestreichen. Nach Belieben warm oder kalt servieren.

❖ **Vorbereitungszeit: 50 Minuten; Ruhezeit für den Teig: 1 Stunde; Backzeit: 40 Minuten**

❖ **Pro Portion 455 kcal / 1911 kJ**

___Tipp___

Am besten schmeckt der Apfelstrudel, wenn er noch warm mit steif oder halbsteif geschlagener Sahne serviert wird.

Über dieses Buch

Die Autorin

Monika Judä studierte Ökotrophologie in Weihenstephan bei München und bildete sich zur Fachredakteurin weiter. Sie lebt und arbeitet heute als freie Journalistin in München. Seit mehreren Jahren veröffentlicht sie Kochbücher, publiziert als Wissenschaftsautorin mit den Themenschwerpunkten Ernährung und Gesundheit in Fachzeitschriften und unterrichtet Ernährungslehre an der Berufsschule.

Haftungsausschluss

Die Inhalte dieses Buches sind sorgfältig recherchiert und erarbeitet worden. Dennoch kann weder die Autorin noch der Verlag für die Angaben in diesem Buch eine Haftung übernehmen.

Impressum

Es ist nicht gestattet, Abbildungen und Texte dieses Buches zu digitalisieren, auf PCs oder CDs zu speichern oder auf PCs/Computern zu verändern oder einzeln oder zusammen mit anderen Bildvorlagen/Texten zu manipulieren, es sei denn mit schriftlicher Genehmigung des Verlages.

Weltbild Buchverlag, Augsburg
© 2000 Weltbild Verlag GmbH, Augsburg
Alle Rechte vorbehalten

Redaktion: Annette Gillich · Duisburg
Umschlag: Peter Gross · München
Illustrationen: Beate Brömse · München
Layout: Nina Engel · München
DTP/Satz: Dirk Risch · München
Reproduktion: Repro Mayr · Donauwörth
Druck und Bindung: Ebner · Ulm

Gedruckt auf chlorfrei gebleichtem Papier

Printed in Germany

ISBN 3-89604-738-8

Rezeptverzeichnis

Rezeptverzeichnis nach Lebensmittelgruppen

Neutrale Gruppe

Abkürzungen

E	=	Eiweißgruppe
EL	=	Esslöffel
TL	=	Teelöffel
ML	=	Messlöffel
g	=	Gramm
l	=	Liter
cl	=	Zentiliter
ml	=	Milliliter
cm	=	Zentimeter
Msp.	=	Messerspitze
gem.	=	gemahlen
ger.	=	gerieben
gestr.	=	gestrichen
K	=	Kohlenhydratgruppe
N	=	neutrale Gruppe
Pck.	=	Packung
TK	=	Tiefkühlware
Fett i. Tr.	=	Fett in der Trockenmasse
Ø	=	Durchmesser
kcal	=	Kilokalorien
kj	=	Kilojoule